JN055065

耳が聞こえなくたって

聴力0の世界で見つけた私らしい生き方

牧野友香子

KADOKAWA

prologue はじめに

私は、生まれた時から耳が聞こえません。

と聞かれることがありますが、補聴器をつけても、人の声はほぼ聞こえません。

「どのくらい聞こえないの？」

補聴器を外すと、飛行機の轟音《ごうおん》も聞こえるか、聞こえないかくらい。

そんな私の会話は手話ではなく、「読唇」といって相手の口の動きを読み取って理解し、自分自身の発音でことばを発する「発話」なんです。

口さえ見えれば会話はできます。つまり、口が見えないとまったく会話ができません。なので、マスクをしている人やヒゲの長い人は私にとっては天敵！

大阪で生まれ育った私は、幼馴染《おさななじみ》たちと当然のように「一緒に学校に通いたい！」という理由で、ろう学校には行かず、幼稚園、小・中学校は地元の学校に。天王寺高校から、神戸大学に進学し、就職先は第1志望のソニー株式会社へ。

就職で初めて上京し、趣味の合うファンキーな夫と結婚し、めでたく2人の子どもにも恵まれ……と文字で書くと順風満帆なようですが、聞こえない私の人生、そんな順調にいくわけがありません。

学生時代も社会人時代も大変なことだらけでしたが、一番大変だったのは、長女に難病があったこと。

耳が聞こえない上に、難病の子の親になる――。

正直、なんでこんなに人生ハードモードなの!?　と恨みました。


聞こえない中での2歳差の姉妹の育児、仕事をしながらの病院通い。でも、複数回にわたる手術に入院と頑張る長女。そして、どうしても我慢の多くなる、〝きょうだい児〟の次女のしんどさを思うと、親として弱音を吐いてばかりはいられませんでした。

そんな中で長女が2歳、次女が0歳の時に、難聴児を持った親御さんをサポートする「株式会社デフサポ」を立ち上げました。育児の大変さに加え、会社の立ち上げもあり、精神的にも肉体的にも、金銭的にも本当に大変でした。


そして今では子どもたちを連れて家族で渡米。アメリカで生活をしています。

いろいろな意味で〝規格外〟の私ですが、いいこともそうでないことも含めて、おもしろく読んでいただけたらうれしいです。

牧野友香子

CHAPTER 0
序章

牧野友香子のざっくりトリセツ

CHAPTER
第1章

1

自分中心に世界が回っていた子ども時代

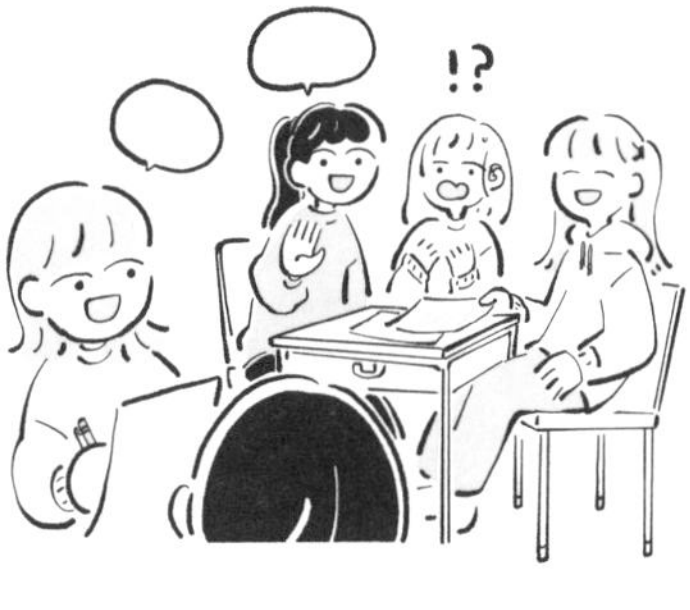

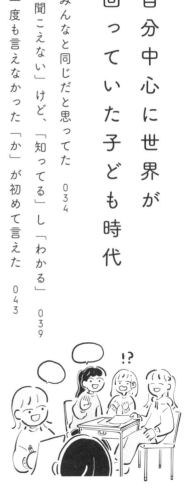

CHAPTER
第2章
2

できないことに傷つき悩んだ思春期

CHAPTER 3
第3章

世界が広がり自分の道を見つけて就職

CHAPTER 4

第4章

聞こえないこと以上に苦しかった子育て

CHAPTER 5
第5章

ありのままの自分を生かそうと決めた起業

CHAPTER 6
終章

私らしく、しなやかに生きていく

CHAPTER 0

序章

トリセツ① 聞こえないのに……手話ができない！

ドラマの影響が大きかったことで、最近は、聴覚障害者に関心を寄せてくれる人が多くなった気がします。

このあいだ、区役所の窓口で「耳が聞こえないんです」と言ったら、

「(大丈夫ですよ、説明しますね)」

と、手話で話してくれました。

そこで、「(ありがとうございます)」

と、私も手話で答えられればよかったのですが、実際は――、

「すみません……。私、手話ができないんです」

「あっ……、えっ⁉ 手話ができないんですか⁉ 失礼しました」

「いえいえ！ 手話できたらよかったんですが……！」

お互いに顔を見合わせて苦笑いする、みたいな。聞こえない＝手話を使うと思われがちなんです。

実は、逆もあるんです。

聞こえないことを伝えると、申し訳なさそうに相手から「すみません、手話ができなくて」と言われて、「いえいえ、私もなんです……」なんてことも。笑

私の場合は、幼稚園から就職するまでコミュニティの中で聞こえないのは私1人という環境だったので、手話に触れる機会がほとんどなかったんですよね。物心ついた時から、相手の口の形を読み取ってことばを理解する〝読話〟を使って相手の話を理解し、声を使って話しています。

自分の発音が合っているかどうかを自分の耳で聞くことができないので、聞こえない私にとって、発話をすることはとても難しかったです。

ただ、ありがたいことに専門家に教わったり、家族や友だちが「もうちょっと高く」とか「それ、ちょっと違うよ。こうだよ」と細かく教えてくれたので、少しずつ修正しながら大人になりました。幼いころはもっとヘタで、私の発音は何を言っているか、わからなかったはずです。

あとは、母いわく、

「昔からおしゃべりな子どもだったし、それは今も変わっていない」

そうなので、とにかく昔から友だちとしゃべりたい！　という性格だったことも影響していると思います。

できることもできないことも、いろいろある

聴覚障害の子どもとその親御さんを支援する「デフサポ」という会社を立ち上げるにあたって、当事者の子どもや家族の方たちに会う機会が増えました。

会社立ち上げのきっかけになったのは、私の出産とブログでした。

聴覚障害者としての経験、思ったことや感じたことを書き綴《つづ》っていたら、読んでくださる方が少しずつ増えてきました。

その中に、聴覚障害のお子さんを持つ親御さんがいて、何人かの方からコメントをもらうようになりました。

もともとブログを書くことで、「難聴者」として地域で過ごしてきた自分の経験が少しでも誰かの参考になればという思いはあったので、反応があったのは本当にうれしかったです。

実際に親御さんたちが何を求めているのかを知りたかったので、ブログの読者の方たちに呼びかけて、東京と大阪でワークショップを開きました。

そこで出会った親御さんたちからは、

「聞こえなくても、こんなふうに話したり、会話ができる方もいるんですね」

「すごい、希望になります」

と言ってもらい、やってよかった！　という気持ちに。


特に、障害を持つ子どもの親は、子どもが成長して自立することを願うと思います。自分がいなくなった後でも、子どもが自分らしく幸せに暮らしてほしい、と。そのためには、「聞こえないから○○ができない」ではなく、「聞こえないけれど○○ができる、△△もできる」と、選択肢を増やしてあげたいと思うんですよね。

私に会った親御さんが「希望になる」と言ったのは、手話や筆談を使ったり、声を使ったり、地域で暮らしたりするという選択肢もあると気づいたからだと思うんです。

聴覚障害者にもいろんな人がいるし、できること・できないこともいろいろある、ということを、この本を通して皆さんに知っていただければと思っています。

トリセツ② 聞こえないのに……山にこもってスノボ三昧！

このタイトルだけで、聞こえる聞こえないは別にして、何をやってるんや？　って思われるかもしれません。

受験勉強を必死に頑張って、大学に受かって「やったー！」と思ったのは、ずっと目標にしていた心理学の勉強ができるのはもちろんですが、何より時間のある大学生活でいろいろな経験をしたかったから。

3、4年生で海外に行ったりやりたいことにチャレンジ！　と思っていたので、1、2年生で猛勉強してほぼ単位を取り終えました。

本来は、4年間かけて着実に積み重ねるものかもしれませんが、なんでも性格的に「ゆっくり」よりも「一気に」なんです。

だからといって、1、2年生の時にまったく遊ばなかったかというと、そうではありません。大学1年生の時、地元の友人のお父さんが船を持っていて、夏に、ウェイクボードに連れていってもらいました。周囲の音は聞こえないけれど、とにかくスピード感と爽快感にどハマり！

本当に気持ちがよくて、もっとやりたいと思ったけれど、ウェイクボードは水につかるので暑い夏にしかできない。

だからその年の冬、今度は初めてスノーボードに行きました。

そうしたら、これもまたどハマり。

ウェイクボードほど待つ時間もないし、自分のペースでどんどんすべれるから、めっちゃおもしろくて。

これだ！　と思って、大学2年生の冬に、友だちとスノボ三昧《ざんまい》の山ごもりを計画しました。要は、3カ月くらい友だちと泊まり込みでリゾートバイトをしながら、空き時間にスノボを楽しむという感じです。

親はあきれていましたし、最後まで反対していましたが、そこを強行突破するのが私です。実はかなり父親が厳しく、一人暮らしも反対されていたほど。

山にこもったら門限も関係ないし、朝までみんなとお酒が飲める！　とか毎日友だちと遊べる〜！　ってとっても楽しみでした。発想がもういかに遊べるか、ですね。笑

スノボもスノボ友だちも心地よい

ただ、実はそこでも、〝聞こえないことの壁〟が立ちはだかりました。

私を含めて4人でリゾートバイトをして山にこもろうと言っていたんですけど、どんなに頑張っても私だけバイトに受からなかった。

リゾート地なので、仕事内容はリフトの案内とか旅館での接客とか。聞こえていないと無理と言われてしまったんです。冬山ではゴーグルやフェイスマスクをしているのが普通なので、口の動きを読むこともできないし。

さすがに落ち込みました……。みんなと同じように準備して、みんなと同じように楽しみにしてたのに、やっぱり私だけダメなんだ、と。頑張ってもどうしようもないことがあると知り、こんな自分に価値があるのかなと思ってしまうくらいへこみました。

でも、みんなに気を遣わせたくなくて「行ってきてよ、遊びに行くからさ」と送り出しました。

すると他の3人が、私の知らないところでいろんな人に声をかけて、私が働ける仕事はないか、働けなくても居候《いそうろう》できる場所はないかと、探し回ってくれたみたいで。

そうしたら、友だちのバイト先の人が「うちの娘が出ていって、1部屋空いてるから使っていいよ」と言ってくれたんです。

……うれしかった。そんなふうに、私のためにみんなが動いてくれたことが。私が気に病まないように、陰で奔走してくれていたことが。

いろんな人に助けてもらって実現した山ごもり。忘れられない冬になりました。

スノボが好きになったのは、爽快感もありますが、スノボをきっかけにして仲良くなった友だちが理由でもあります。

リフトに乗って前後で会話する時、フェイスマスクをしているから口が見えないんですよね。「口が見えへんから、わからん」と言うと、「あ、そうやった」ってみんな外してくれたりして。けっこう面倒くさいんですよ、マスク外すのって。でも、そんなのを気にせずにやってくれた。

「ゴンドラだったらみんなでしゃべれるから、次はゴンドラにしようよ」ってさりげなく言ってくれる子がいたり。

スノボの気持ちよさとともに、友だち関係の気持ちよさ、清々《すがすが》しさみたいなものも魅力だったのかなと、今になって思います。

トリセツ③ 聞こえないのに……一般企業を経て起業！

就職の第1志望は、断然ソニー。理由はシンプルで、「変わった人」が多かったから！

私は、「変わった人」が昔から大好きなんです。

スノボで山にこもっていた時、けっこう衝撃的な出会いが多くて。

私はどちらかというと、中学を出たら高校に行って、高校を出たら大学に行ってという……レールに乗ってきた方なんですが、スノボで出会った友だちは、レールなんてどこにあるの？　みたいな、変わった最高に楽しい人たちが多かったんです。

「毎日、山で遊んでる」って言う人がいたから、「お金とか、どうしてるの？」って聞いたら「なくなったら、バイトするんやで」ってさらっと。笑

聞こえないことを言っても、驚くでも気遣うでもなく「そーなんだ」という感じで、まったく自然に受け止めてくれました。

それでずいぶん気が楽になったことを覚えています。

就活中、大学の先輩に会って会社の話を聞くことがあったのですが、他の会社の人はみんなスーツにネクタイをしてビシッとしていたのに、ソニーに入った先輩たちはジャケットにノータイで、めっちゃ日焼けしてたり、ヒゲが生えてたりして、「こんなに自由でいいんだ」と思いました。「変わった会社だな」と。

だから、入社するならソニーしかない！　と一点突破したのです。それだけの理由で選んだのかと言われれば、反論の余地はないのですが……。

でも、それほど私にとっては「変わった人」たちに出会うこと、おもしろそうな人たちに出会うことが大事だったんですよね。

就活は基本的に一般採用枠で受けました。障害者採用の対象でもありましたが、当時は障害者として雇用されると、キャリアアップが制限される会社が多かったのです。

私はバリバリ仕事がしたくて、どんどんキャリアアップしたかったから、面接の時も「バリバリ働きたいので、仕事をバリバリやらせてもらえるならやりたいです！」と言ったくらい（どんだけ「バリバリ」やねん）。

晴れて採用！　ばんざい！　でも、入社後しばらくして、聞こえないことでつまずくことになるのですが……（その話は第3章に）。

私の経験を知りたい人がたくさんいた

めでたく第1志望の会社に入って、仕事内容も充実していて、時間と経験を積むうちに同僚や上司ともいい関係性ができて、なんの不自由もなかった私が、どうして起業したか——。

決してソニーに不満があったわけではありません。むしろ大好きでした。言ってみれば、「使命」みたいなものを感じてしまったからでしょうか……。

私のブログの読者の方たちに言われて驚いたのが、

「聞こえないのに、地域の学校に行って就職している人がいるなんて、想像もしていなかった」

「聞こえなくて苦労している話ばっかり聞いてきたから、こんな楽しんでる人がいるなんて思わなかった」

ということでした。

たぶん、聞こえなくても幸せに過不足なく過ごしている人はいると思うんです。でも、そういう人がわざわざ「幸せです」なんて言わないですよね。

私も、子どもが生まれてみるまで、自分の生活に不満もなかったし自分のことを広く伝えようなんて思ったこともありませんでした。

でも、難病の子どもが生まれてみて、将来の見通しが欲しい！　と思った時に、とにかく、子どものロールモデルになりそうな人をたくさん知りたい！　って思いました。と同時に、まったく一緒じゃないのは理解してもらった上で、聞こえない人がどんなふうに過ごしているかを知ってもらえたらいいなっていう思いからブログを始めました。

当時は、聞こえない子にとってのロールモデルが少なかったのです。

私には伝えられることがあって、それを知りたいという人がいる。だったら、そのために立ち上がるべきなんじゃないか——。

それが、大好きなソニーを辞めてまで起業した理由です。

今となっては大正解でした。

トリセツ④ 聞こえないのに……難病児の母になった！

結婚してしばらくして妊娠がわかりました。

その時点ですでに4カ月になっていたので、まず考えたのは「4カ月の間、何してたっけ……？」ということ。

「もしかして、お腹の中にいる赤ちゃんに悪いことしてたかも！　ヤバい！」が最初の感想でした（もちろん「うれしい！」もありましたけど）。

そのくらい、気づかなかったんです。

妊娠がわかって、やっぱり頭をよぎったのは、赤ちゃんの耳のこと。

でも夫は、

「そうであっても、別にいいんじゃない。『聞こえない＝不幸』じゃないし、ユカコみたいな子だっているんだから。それに、ユカコのお母さんという先輩もいることだし。大丈夫でしょ」

と言っていて、「たしかにそうだな」と一件落着。

それが、8カ月に入ったころ、突然検診で「もしかしたら、おなかの赤ちゃんに何かあるかも」と言われました。

「大学病院で精密検査をやってみて」と、すぐに転院。

その後、何度か検査入院したのですが、「病気があるかも」「いや、やっぱり何もないかも」と二転三転して、結局「産んでみないとわからない」。

「なんだそりゃ」の気持ちで不安だらけでしたが、仕方ありません。

どちらか確証のないまま「何事もありませんように！」と祈るようにして出産。

無事に産んで、初めて赤ちゃんを見た時、すぐにわかりました。

病気があること――。

50万人に1人と言われる骨の難病でした。病名を言われてもどうしたらいいかわかりません。

「スマホで検索しても情報が少ない」

「この子のために、何をすればいいのかがわからない」

というないない尽くしが、一番苦しかったです。

わからない不安、生活が変わる不安

聞こえないことで、私はもう十分に苦しい思いをしてきたつもりでした。

それなのに、子どもが難病だなんて——。

子育ては、誰だって大変なのに、それに加えて私は耳が聞こえない。

その上、子どもの難病まで重なるなんて、どうして自分ばっかり……神様を恨む気持ちでした。

骨が短い病気で両脚の長さも違う。筋肉も弱いから、いつ歩けるようになるかもわからない。


もしかしたら、大きくなっても歩けないのかもしれない……。

生まれてからずっと週4日通院しているけれど、いつまで通院し続けなきゃいけないのかわからない。

もしかしたら、一生病院通いが続くのかもしれない……。

このまま成長しても、小学校に通えるのかどうかもわからない。

もしかしたら、一生学校に通えないのかもしれない……。

将来が見えない不安にずっと襲われていました。

そして、私のわがままなのかもしれませんが、これまでの生活を、これまで積み上げてきたキャリアを、すべて手放さなくてはならないのではないかという不安にさいなまれたことも事実です。

もしかしたら、私のやりたいことは何一つできなくなるのかもしれない……。

見えないこと、わからないことだらけでした。


子育てに前向きになるまでにはいろいろありましたが（第4章をぜひ読んでください）、一つひとつ乗り越えることができて、やっぱり子どもはかわいい！　そして、子育てはおもしろい！

今では子どもは2人になり、2人とも友だちと遊ぶのが楽しくて仕方がないようで、友だちの家に泊まりに行くと、私たち親のことをすっかり忘れるくらい親離れ（？）していいます。

親になれたこと、4人家族になれたことを、心からうれしく思っています。

トリセツ⑤ 聞こえないのに、英語ができないのに、アメリカ移住！

仕事の関係で、2023年からアメリカで暮らしています。

学生のころから海外に行くのが好きだったし、いずれは海外で暮らしてみたいという気持ちはありましたが、英語はできないし、即決！　ではなかったです。

聞こえないこともありますが、子どもの病院や学校は大丈夫かなとか、友だちができるかなとか。

私自身のことで言えば、デフサポのことがありました。リモートワークが浸透し、距離に関係なく仕事ができる環境があるとはいえ、日本にいなくてはできないこともありますし、私が日本にいないことで会員の方たちが不安に思うかもしれないという心配も……。

正直、移住を決めるまでは葛藤の連続でした。

ですが、家族で話し合い、デフサポのスタッフたちとも話し合う中で、デフサポのためにもアメリカの福祉やダイバーシティの現場を肌で学びたいという思いが芽生えてきました。

そして……、「いざ移住！」をしたものの、さっそく壁にぶつかりまくっています。私はまったく英語ができないままアメリカに行ったので、翻訳のアプリにお世話になりながらどうにか日々の生活を乗り切っています。

行ってしまえばなんとかなる！　とはいえ、英語ができた方がより充実したアメリカ生活になることは間違いありません。なので英語をゼロから勉強し始めています。

ただ、正直言って英語の読話は難しいですね。

口を読むためには、語彙のストックが必要。語彙があると、口の動きからことばを予測することができるので、スムーズに会話ができるんです。だから、まずは英単語を覚えることからかな。

読話が難しいのは、英語特有の発音も理由の1つです。英語は、喉の奥の使い方で発音が変わったりするものがあるのですが、それが見えないのです。

Beer（ビール）は最後のrを喉の奥で響かせるため、rを発音しているかどうかが私にはわかりません。

口の動きを読んで理解しようとしても、Beer（ビール）とBee（蜂）の違いがわからないのです。

とはいえ、生来の勘のよさが功を奏すことはあって、対面で話している分にはなんとなく「こういうこと言っているんだろうな」というのはわかります。わかるというのは、雰囲気ですけどね。

だから、「こういう話なんだろうな、でも中身はよくわからない」という程度にわかるという感じです。

Because（だから）とかMaybe（たぶん）とか、接続詞みたいな大きな単語くらいしか今はわからないので、10年くらい経てば話せるようになるかな、と長期戦の構えです。

挑戦する前からあきらめてほしくない

海外で暮らすなら、英語をマスターしなきゃと思う人もいるかもしれません。

でも、まったくそんな必要はありません！（私がその証拠）。

海外で、すべてにおいて充実した生活を送ろうと思ったら、たしかに英語力は必須。

でも、生活するのが目的なら、英語に自信がなくてもたいていのことは大丈夫。


お店で欲しいものを指差して、欲しい数を指で示せば買い物はできます。今ではセルフレジも当たり前にあるので、会計だって自分1人でできます。

会話しなくちゃいけない状況だったら、スマホの音声翻訳を使ったっていいし、身振り手振りでもある程度のことは乗り切れます。


なぜ私がこんなに楽観的でいられるかというと、実は……、ここに挙げたようなことは聴覚障害者がけっこう日常的にしていることだから！

身振り手振りのコミュニケーションなんて、プロ中のプロです。笑現に、私は学生のころから何度も海外に行っていますが、困ったことってほとんどありません。

英語ができないから、聞こえないから……を理由にチャレンジをあきらめないでほしい。挑戦する前から、選択肢を減らすようなことをしてほしくない。これは、この本を通してお伝えしたい大きなテーマです。

ここまで、かなりざっくりと私のことをお話ししました。

次章からは、子どものころのことから学生時代、就職、結婚、出産、起業とお話ししていきます。

「こんな人もいるんだ！」と、楽しんで読んでいただけたらうれしいです。

CHAPTER

1

第1章

自分中心に世界が回っていた子ども時代

みんなと同じだと思ってた

母が言うには、私は赤ちゃんのころから勘がよくて、難聴だとわかる前から、人の口を見て何を言っているか読み取っていたみたいです。

だから、会話が伝わることで難聴に気づいてもらえず、結果的に発見が遅くなったそうです。

「三つ子の魂百まで」のことわざ通り、私は当時から「人としゃべりたい！」という気持ちが強かったのでしょうか、コミュニケーションが大好きだったからこそ、自然と口を読んでいたのかもしれません。

幼稚園のころは、〝補聴器をつけている〟からみんなと違うと自覚していたけれど、「補聴器をつけて、口を読めばみんなとまったく同じ」だと思っていました。

だって友だちもいたし、会話もできるし、得意なこともたくさんあったし、一緒やん！　と。

でも、実際は全然違うと気づくのは、もっと先の話。

そして本当は、みんなと同じといっても話すのは全然上手じゃなかった。

例えば、時々しか会わない幼稚園の友だちのお父さんやお母さんからは、私が話したことに対して「えっ？　なんて言ったの？」とよく聞き返されていました。


でもすごいのが、毎日のように一緒に遊んでいる友だちには、ほとんど聞き返されたことがなくて。耳が慣れるって言うけど、幼稚園のころのお友だちとの会話に、特に支障はありませんでした。


そうそう、ごくたまに、同級生に「なんて言ってるの？　わからないんだけど！」と言われると、「いやいや、なんでわからへんの？」と思ってたくらいです。

小さい時は、自分中心に世界が回っているのもあって、「他のお友だちはわかってるのに、なんであの子は聞き取れないんだろ？　不思議〜」って感じで。今思えば発音が悪いからやん！　ですよね。笑

でも当時のことを思い返してみると、モゴモゴ話す子とか、ボソボソ下を向いて話

してしまう子や、後ろからしゃべりかける子とはたしかにそんなに仲良くなかった。言っていることが、わからなかったんだろうなあ。単純に口の動きが読みにくくて、うまく会話ができなかったからだと、今はわかるんですけどね。当時は、わかっていませんでした。

サンタさんはうれしくないし、鬼は怖くない

幼稚園では、耳が聞こえない子は私だけ。

でも私の記憶の中では、「聞こえなくて困った経験」というのがそれほどないんですよね。先生の指示が聞こえなくても、周りに合わせていればなんとなくできたから。みんなが靴を履いたら園庭に出るってわかるし、運動会の踊りだって見ていればできる。

そんなふうに周りを見ながら集団行動ができてしまうと、「困ってない」と自分も周りも思ってしまうんです。

もちろん私にとってつまんない時間はたくさんありました。

その筆頭がイベントの時。例えばクリスマス会では、園長先生が本気で仮装してサンタクロース姿で登場したんですけど、ヒゲで口が隠れているから、言っていることがさっぱりわからなかった。

サンタさんがいろんなおもしろい話をしてくれていてみんなが大笑いしているけれど、私は何がおもしろいのかまったくわからなかったっけ。

あと、節分の鬼も何を言っているのか全然わからなかった。

お面だし、言っていることも声の大きさもわからないから、追いかけられて逃げるだけって感じでした。

そう考えると、クリスマスや節分などのイベントの時は、みんなの中で1人だけぼーっとしているしかなかった気がします。

でも、生まれつき聞こえない私からすると、これが当たり前の世界なんですよね。なので、特別悲しい思い出という感じではなく、わからないのが当たり前で、「そういうもんかな」くらいで。

大きなホールに集まって先生の話を聞く時も、距離が遠すぎて口が見えなくて、なんの話かはわからなかったなあ。

他の子もそんなに真剣に聞いてないから、理解度で言えばたいして変わらなかったかも（その一言で片づけていい問題じゃないけど）。

そういう意味でも、そもそも聞こえる人がどんなふうに聞こえるかを知らなかったんだなあって、大人になって改めて思います。

「聞こえない」けど、「知ってる」し「わかる」

母いわく、2歳で重度難聴とわかってことばを教え始めた時、「この子が身につけることばは、全部自分にかかっている」とすごく責任を感じたそうです。耳から聞いてことばを知ることができないから、自分が伝えて教えないと、と。

当時はインターネットで調べることもできないし、周りに聴覚障害者がいたわけでもないので、常に試行錯誤の中、私にことばを教えてくれていました。

前項でも話した通り、私は母や父の口の動きを読んでことばを覚えていきました。物の名前ばかりではなく、天気や日常に溢《あふ》れていることば、「楽しい」「うれしい」などの感情語、「今日は買い物に行ったね」といった文での表現など、ことあるごとに母はさまざまなことばをかけてくれました。

会話の中で自然に教えてくれていたので、私としてはあまり「ことばの勉強」をした自覚はありません。気づいたらいつの間にか話してるし、いろんなことばを知ってているという感じでした。

いまだに母が自慢するのは、「あの時の私、本当に記憶力がすごかった！」と。

当時の母は、私が理解していることばを全部把握していたんですって！

日常的に、あえて私が知らないことばを使って話すことで、語彙を増やしていったそうです。


例えば、「母親」のことは「お母さん」「お母さま」「母」「ママ」「おかん」など、いろいろな言い方がありますよね。

もし私が「お母さん」しか知らなかったら、誰かが「ママ」と言った時にそれが「お母さん」のことだとわからない。

同じ意味でも、一つひとつのことばを私にインプットしなくてはならないので、「頭をフル回転させて教えていたな～、あの時はめっちゃ頭よかったと思うわ！」と言っていました。

両親だけでなく、一緒に住んでいた祖母もいろんなことばを教えてくれたので、けっこうシブいことばも知っていたっけ。いろんな人のことばに触れられたのはよかったかなと思います。

聴覚障害児だから⁉ 語彙力が高かった

障害のある子がそれぞれの困りごとを減らすための指導を受けることを「療育」というのですが、私は、聴覚障害がわかったすぐ後、3歳くらいから始めました。療育として通っていたのは、難聴児通園施設と月に1回行く民間のことばの教室。そして家庭での療育。こんなふうに周りからことばをサポートしてもらっていたおかげで、いろんなことばを知っている幼稚園児になったのかもしれません。

地元の幼稚園に通い出したころには、周りの聞こえる子よりも多くのことばを知っていることもありました。「節分」とか「七夕」といったことばもすでに知っていたし、幼稚園の先生が「七夕は、誰と誰が会う日でしょう？」とクイズを出すと、われさきに「織姫と彦星！」って答えてましたから。

正直「聞こえない」けど、「知ってる」し「わかる」から、ハンデを感じなかった。

むしろいろんなことを知ってる自分に自信があって積極的だったかもしれない。

実際は、コミュニケーションする上でのことばは知らないし、足りないことばはかなり多かったけれど、園生活で私自身がそれを自覚することはありませんでした。

先生の言うことを完全には理解できなくても、口を見て読み取れた単語をつなぎ合わせれば何を言っているかくらいはわかったので、自分はできるんだという自信がありました。


その自信の源には、ことばを知っているということや、聞こえない私のありのままでいいと、愛された環境に置かれていたからだと思います。その自信をつけてくれたのは、まぎれもなく家族です。

私に必要なことを、私に合った形で提供してくれた家族。当時、何もかもが手探りだったはずです。感謝しかありません。

私自身が難病児の母親となった今、家族がいい先輩であり相談相手でもいてくれることを心からありがたいと思っています。

一度も言えなかった「か」が初めて言えた

月に1回通っていた民間のことばの教室。もともとろう学校の先生をされていた方が、自宅の一室で運営されていた教室でした。

母が、お友だちの聴覚障害児の親御さんからこの教室のことを聞いて、行ってみようということになったのです。

今思えばとっても礼儀作法に厳しいおじいちゃん先生で、「お邪魔します」と言えること、じっと座っていることを当たり前とする先生でした。それ以外はすごく優しい先生で、私は、叱られたことはなかったです。そういう点ではちゃんと空気を読む私。

初めて先生の教室に行った時、「か」の発音を教えてもらいました。

「か」は、舌の根っこを喉の奥につけて、パッと離して発音します。きっと皆さんは、意識して発音したことはないと思いますが、やってみてください！

「か」は、「あ」と同じ唇の形です。「か」を発音している時に唇の形は見えるけれど、

喉の奥がどう動いているかはまったく見えないので、音を聞いたことのない子どもにとってはマネするのが難しい発音の1つ。

ですが、その先生が私の舌をスプーンでくいっと押して、私が「か」と言ってみた瞬間、それまでできなかった「か」が発音できた！

初めて行ったことばの教室で、初めて「か」が言えたのが、母にとって衝撃だったようで、

「これはすごい、ここに通おう」

と決めたそうです。

その日から月に1回、小学校中学年くらいまで通い続けました。

「顔から火が出る」わけがない!?

この教室では、発音の指導だけではなく、ことばの指導も受けていました。

ことばの指導というのは、国語の読解力の授業みたいな感じ。

幼稚園の年少くらいの時は『ごんぎつね』、小学校中学年くらいで芥川龍之介の『蜘蛛《くも》の糸』や『羅生門』、太宰治の『走れメロス』を読んでいました。またこれが、めっちゃ難しい！

先生から、「この時、セリヌンティウスはどんな気持ちでメロスを待っていたと思う?」と聞かれて、授業を受けているみんなそれぞれ考えて答えるんですけど、なかなか答えが浮かばなくて。

新しいことばもたくさん覚えたけれど、それ以上に登場人物の気持ちを考えて、それを自分のことばでどう伝えるかを徹底的に練習していました。

正解・不正解はないから、とにかく考えるしかない。例えば「不安な気持ちで待っていたと思う」と答えたら、先生が「どうして不安な気持ちだと思った?」「自分がセリヌンティウスだったら、どうする?」と聞いてくるので、1つ答えて終わりじゃない。大人になって、先生は、自分のことばで思考して自分のことばで表現する訓練をしてくれていたんだなあとわかりました。

おかげで、国語はずっと得意科目。センター試験の模試は200点満点取って全国1位！　大人になって初めて先生に感謝！（遅い）。

読解力ともう1つ、先生が力を入れて教えてくださったのが、ことわざや慣用句。先生は、難聴児は比喩表現が苦手だということを、経験からよく知っていたんですよね。「顔から火が出る」は、恥ずかしくて顔が真っ赤になることの慣用句ですが、難聴児はそれを文字通りに受け取ってしまう傾向があるのだそう。

「小学3年生ころになったら覚える時間がなくなるから、早めに勉強しとき」と言って、小学校低学年の時から「犬もあるけば棒にあたる」なんて当たり前のように教わっていました。

先生が教えてくれたことばは、小学校では3年生くらいで習い始めたので、その時にはすでにたくさんのことばを知っていた私。どんどん問題も解けるから、すごく自信がつきました。先取りして勉強することで自信をつけるというのも、今思えば先生の思いの中にあったのかもしれません。

療育の施設に行く時はみんなが見送ってくれた

生まれた時から周りにいるのは聞こえる子ばっかりだったし、その中で育ってきたので、幼稚園も小学校も近所の友だちと同じところに当たり前のように行きました。私にとってはやっぱり、友だちと一緒にいたいというのが一番だったんですよね。

難聴児通園施設と幼稚園に並行して通っていた時があったのですが、施設に行く日は、幼稚園でみんなとお昼ご飯を食べてから早退します。

母が迎えに来て私が教室から出ると、クラスのみんなが門のところまで走ってきて「行ってらっしゃーい！」と手を振ってくれました。

中には、靴に履きかえずにハダシのまま門のところまで来る子もいて、先生から「靴〜!!」なんて言われたりして。

私は「行ってきまーす！」と大きな声で手を振って、母と施設に向かいました。

その光景は、いまだに鮮明に記憶しています。特別扱いじゃなく、これが私にとっていつもの光景でしたし、本当に温かい仲間に恵まれたなあと思います。

友だちが走ってくる姿とか、みんなの顔とか、小さい手のひらがいっぱい振られている様子とか、いまだに忘れないですね。


幼稚園の友だちとは、いろんなことをしゃべってたし、いっぱいケンカもしたし、言われたことがわからなくて、私がズレた返事をしたことで不思議な顔をされたこともあったけど、耳が聞こえないことも全部ひっくるめて「これがユカコ」だと自然に受け止めてくれていた気がします。


他の子と同じ、1人の友だちとして、みんながありのままの私を受け止めてくれる環境で育ってきました。

それは、私たちが幼いゆえの、区別や差別以前の原初的な人間同士のつながりだったのかもしれません。

私にとってはそこが自分の根底にあるので、聞こえなくても人と関わったりするのがとっても大好きだし、そもそも聞こえないから嫌がられるという発想にならないのかもしれません。

「ユカちゃんを呼びに行かなきゃ！」

幼稚園の友だちは、私の補聴器のことは「ユカちゃんは耳に何かつけてる」くらいの認識だったと思います。

「聞こえないから補聴器をつけている」というくらいで、補聴器をつけても完璧には聞こえないとかそんなことは思ってもいなかったと思います。

たまに、違う学年の園児や隣の学校の小学生が補聴器を見て「これ、何？」と聞くことはあったのですが、私は「これね？　これ私が聞こえないから補聴器つけてるんよ～」と、さらっと説明すると、みんなも「ふーん」って。

幼稚園が恵まれた生活になったのは、当時の担任の先生のおかげです。本当に。

みんなに私が聞こえないことを、どうすればいいかを体で覚えさせてくれました。

例えば、わざと私から口の見えない場所で、先生が「ユカちゃーん」と呼びます。

当然、私は気づきません。

そこで先生が、

「あれれ～？　ユカちゃん気づいてくれないなあ～、困ったなあ～」

と言うと、特に私と仲のいいお友だちや普段よく接している子が、

「ユカちゃんにはトントンしてあげないと！」

「前からしゃべったらいいんだよ！」

と自慢げに言って、実際にやってくれるんです。

それを見ているうちに、周りの子たちも「なるほど～！」と自然に学んでいったそうです。


これを何回かやっていると、私がわからないタイミングで先生が、

「ユカちゃん～」

と言った時に、

「先生、ユカちゃんはそこからしゃべっても聞こえないから、呼びに行かなきゃいけないんだよ！」

と呼びに来るようになったそうです。

幼稚園の先生は、そういう環境作りをとても上手にしてくださる方でした。「ユカちゃんは耳が聞こえません」と説明をして教えるのではなく、「ユカちゃんには、どういうフォローをするといいのか」を子どもたちが考えるように導いてくれたんだと思います。

聞こえるか聞こえないかではなく、「ユカちゃんにはこうする」という風土がいつの間にかできていった。それがとても自然だったから、私は「違い」を意識せずにいられたのかもしれません。

そんな感じだったから、幼稚園時代の友だちに久しぶりに会うと、私が聞こえないことを忘れている子もいたりして。でも、いざ話し出すと、口をしっかり開けて話してくれるので、「ほんと、幼少期に当たり前になっていた習慣ってすごい。無意識の習慣で染み付いているんだろうな～」と。

ちなみに、酔っ払っててもしっかり口を開けてしゃべります。笑

ほとんどの子が、小学校も中学校も一緒なんですが、意外とこのころの友だちの方が私の耳の聞こえの程度について全然知らなかったりします。

家では「聞こえないからできない」は許されない

小さいころから両親に言われていたのは、聞こえを言い訳にはしないということ。

もちろん、聞こえなくてできないことはやる必要はないけれど、そうじゃないことは基本的に「当たり前にやる！」環境でした。

「聞こえないからできなくてもいい」

「聞こえないからあきらめてもいい」

なんてことが、我が家ではまったくなかったんです。


音楽の授業でリコーダーを吹くことがあった時も、聞こえなくても吹くことはできるし、ピアノだって、聞こえなくても弾くことはできるでしょ？　っていう感じで。

リコーダーの宿題をやりたくなかった私が、聞こえないし難しいって！　と聞こえないことを理由にサボろうとすると、

「『ド』の鍵盤《けんばん》を押せば『ド』の音が出るのと同じで、リコーダーも『ド』の指をす

れば『ド』が出るやろ」

と言われて、ぐうの音も出ませんでした。

バイオリンは、自分の弾いた音を聞いて判断するからできなくても仕方がない。

でも、ピアノや木琴は聞こえなくても関係ない。

「だって叩いたら、その音が出るねんから」

って。いや、そりゃそうだけど……。笑
リコーダーは吹けて当然、ピアノも木琴もできて当然、楽譜だって読めて当然。

だって、楽譜を読むのに聞こえないことは関係ないから。聞こえないからこそ、聞こえに甘えずやることはちゃんとやる！　というのが、両親の考えでした。

「聞こえないから勉強したくない」とか「聞こえないから宿題できない」なんてことがまかり通る家じゃないから、私も「そういうもんかな」と納得していました。


今になって思うと、両親の考え方が私を形成したと思います。自分にできないことがあっても、「聞こえないからしょうがない」とあきらめる前に、「どうやれば、聞こえなくてもできるようになるんやろ?」と考えるようになったから。

「聞こえないからできない」がない分、「聞こえないからやっちゃダメ」もあまりなくて、やりたいことは自由にさせてもらいました。

スイミングを習っていた時、水の中では補聴器を外すので、泳いでいる時はまったくの無音。コーチが何か言っていても全然聞こえなくて、口パクで読める時はよかったけど、毎回配慮してもらえるわけでもなく。それはそれで大変だったのですが、泳ぐのも、スイミングの後みんなでタコせんを食べるのも、楽しかった。

聞こえないことに甘えず、いろんなことに挑戦するのが当たり前でした。

ひらがなを練習する幼稚園児と、一筆書きを説明する祖母

実家は2世帯住宅で、祖母も一緒に暮らしていました。

祖母にも、とてもかわいがってもらいました。時代の違いもあって、障害のある孫、聞こえない私のことをかわいそうだと思っていた気持ちがあったのかもしれません。ニコニコ笑ってたらええんやよ、と言いつつも、大人になった時に苦労するかもしれないと、心配もしてくれていたのが伝わりました。

祖母はその時代の女性にしては珍しく、国立大学を出た人でした。父や母とはまた違った視点で、いろんな知識を授けてくれたり、声かけをしてくれたりしていました。

そうそう、私が幼稚園の年中くらいの時にひらがなを書く練習をしていたら、文字の由来を説明しながら「こういう成り立ちだから、ひらがなは一筆で書くと綺麗に書けるんだよ」と教えてくれました。

ひらがなを習いたての幼稚園児に「一筆書き」を説明するとはなんとも高度ですが、難しいことばでも、わからないなりに、なんかおもしろいなとは感じてたんですよね。

百人一首についても、ただ覚えればいいってもんじゃなく、一首ずつ意味があるんだよと説明しながら、

「清少納言は知的な人として評価されているけれど、『枕草子』は、イヤな人とかをボロカス書いてるのよ」

なんて教えてくれたりして。笑

よく祖母の友だちが我が家に遊びに来ることがあって、その時に祖母が「お抹茶を点《た》てる」と言っていました。こういう時、母だったら「お友だちが来たからお茶を淹《い》れる」と言うけれど、祖母の場合は、お茶を「点てる」という言い方とやり方もあるんだと覚えたりして。両親とはまた違う言い方ややり方を祖母から学びました。

いろいろな家のやり方ってあると思うのですが、私は、祖母と両親と両方の生活スタイルの中で育ってきたからこそ、語彙も幅広く増えていったのだと思います。

あっちのグループの話も全部聞こえてるの!?

小学校に入ると、幼稚園にはなかった「授業」が始まります。要は「勉強」が始まるわけですが、前にも書いた通り、ことばの教室で国語の勉強をしていたので、教科書やプリントを読んで理解することは比較的問題なかった気がします。

ただ、授業中にみんなが発言したり、ワイワイ盛り上がっているシーンなどは、なんで盛り上がってるのか全然わからなかった。すごく寂しいなと思うことは1日の中で何回かは絶対ありました。

でも、極端に授業についていけないとか、まったく理解できないということがなかったので、「聞こえなくて困ること」の実感はほぼありませんでした。

むしろ、

「はい！　はい！　できました！」

みたいなタイプだったので、自分のことを秀才だと思ってたっけ。先生からも困りごとのない子だと思われていたと思います。

低学年の間は、「自分は聞こえない、他の子は聞こえる」ということの重要性や、自分だけ情報が抜けているなんて全然わかっていなくて。まだまだ〝自分中心〟の世界なので、客観的な視点は持てていませんでした。

初めて、本当の意味で「自分の聞こえがみんなと違う」ということに気づいたのは、3年生くらいの時。

仲のいい4人グループでしゃべっていたら、隣にいたグループが盛り上がっていて。そうしたら、私以外の3人が、「そうそう」「わかるわかる！」って隣のグループの話に入っていったんです。

（ええっ⁉　なんで？　みんな、隣のグループの話もわかるの？）

衝撃でした。私は、口を見なきゃ何を言っているかわからないから、隣のグループの話はまったくわからない。でも、3人はこっちのグループで話してたのに、そっちのグループの話もわかってた——。

だからといって、自分には聞こえないことがショックだったり落ち込んだりっていうことではなくて。

「聞こえる人って、すごくない⁉」みたいな驚きでした。

そして、「みんなは果たしてどれくらい聞こえているのか」に俄然《がぜん》興味が湧いてきました。

「聞こえるけどわからない」ってどういうこと？

「聞こえる」「聞こえない」の違いだけでなく、「聞こえる」の中に「聞こえるし、わかる」「聞こえるけど、わからない」の区別があることを、少しずつ知ったのもこのころです。

隣の話がわかるってことは、教室内の全部の話がわかるの⁉ と思っていた私は、ちょっと離れたところのグループが盛り上がっていた時、近くにいた友だちに「あそこの声って聞こえる？」と聞きました。

「聞こえるで」

「え！　そうしたらあそこのグループは、なんの話してるん？」

「え？　聞いてないからわからんよ〜！」

「え!?　あっちの声、聞こえるんやろ？」

「いやいや、聞こうと思わないと内容は聞こえないねん。全部聞いてたら聖徳太子になれるやんか！　笑」

（ふーん……不思議だな〜）


このころの私は、耳が聞こえる人は教室の中ですべての情報を拾うことができるんだと思っていたし、「聞こえるなんて、全部わかってすっごい得じゃん！」と、聖徳太子みたいな感じで全部の会話が理解できるんだと思っていました。

「あっちの会話聞こえるのに、内容がわからへんってどういうこと?」

「なんで、そんなに人によって聞こえたり聞こえなかったりするんやろ」

と。


私は生まれつき音を聞いたことがないので、「聞こえる」経験がないし、友だちもみんな聞こえるのが当たり前だから、「聞こえる」ことについてうまく説明ができない。

いろんな人に聞いたり観察したりしながら、

「どうやら、聞こえる人は、聞きたい音や自分に関係することば、例えば名前を呼ばれたり、好きな俳優の名前が挙がったりすると、ピッ! とアンテナが反応して、それを聞くことができるんだなあ〜」

と、聞こえる人の聞こえ方についてちゃんと理解できるまで、数年はかかったかも。

「聞こえる」って複雑なんだなと思った、初めての経験でした。

友だちのナイショ話を大声で言ってしまった

小学校の3年生くらいまでは、私自身リーダーシップを取る性格だったし、コミュニケーションが単純な年齢ということもあって、聞こえないことで友だちと仲たがいするようなことはほとんどありませんでした。

当時の母は、聞こえないことよりも、私の気の強さや強引さで友だちと揉《も》めたりしていないかを心配していたくらい。

ただ、4年生になった時に、ちょっとしたトラブルが起こりました。

仲のいい友だちが、好きな子の名前をこっそり教えてくれたんです。

私は、

「えーっ、〇〇くんのことが好きなん?」

みたいに、好きな子の名前を普通のボリュームで言ってしまって（しかも、よりによって私の普通の声って、けっこう大声なんですよね……）。

ナイショ話だということはわかっていたのですが、耳が聞こえない私は、声のボリュームを調整することがすっごく苦手で……。興奮してテンションが上がったから意識もできませんでした。


言っちゃった……と思った時にはもう後の祭りで、

「なんで、そんなに大きい声で言うんよ！　もう、ユカコなんて知らん！」

「そんなつもりじゃなかってん、ごめん！」

「『ごめん』では済まへんって」

とそこからしばらく、その子はまったく口を利いてくれなくなりました（そりゃそう）。


似たようなことは、バスや電車に乗っている時もありました。

静かに話さなくちゃいけない場所なのに、普通のトーンで「ねえねえ、これさぁ」と友だちに話しかけて、周りから白い目で見られたり、「ちょっとあんたうるさいよ！」って知らないおばちゃんに怒られたり。友だちには「シーッ！」ってよく注意してもらったっけ。

みんなは、状況によって声のボリュームを調節するということを、耳で聞いていつの間にか習得しているんですよね。

でも私は、そういう必要があることは知っていても、実際にやるのはすごく難しかったんです。

聞こえる人は自分の声を自分の耳で聞けますよね。だけど私は自分の声を自分の耳で聞くことができません。なので音の大きさの調整はすごく難しいんです。

しかも、口の動きを見てことばを理解しているから、イントネーションや口調による感情のゆらぎだけではなく、状況に合わせたボリューム調整みたいなことができなかったんですよね。

そして、学年が上がるにつれて、女子同士のコミュニケーションも少しずつ複雑に、高度になっていく。

口を隠して笑ったり、ちょっと横向いて笑いをこらえて下を向いてしゃべってたりすると、私には言っていることがわからない。

会話って水の流れのようなもので、何か1つでも聞き逃すと話がわからなくなってしまうことが多いんです。

場の空気を壊さないために、適当に「うん、うん」と相づちを打っていると、「話、聞いてないやろ～⁉」と誤解されたり。

4年生から高学年の時は、そういうことが増えてきた時期でもありました。

ケンカする時は、顔を合わせてしっかり口を見せる

他にも、言わなくていいことを言ってしまったり、「謙遜」を知らずに起きたトラブルもありました。

例えば、自分としてはテストの点数がよくなかった時。100点取れると思っていたのが94点だったので、

「あーあ、ダメだったー」

「そんなこと言っても、ユカちゃんはどうせいいんちゃう?」

「いやいや、今回はめっちゃ悪かったで」

「ほんなら教えてよ～」

「う、うん」

「えーっ、94点？　ほらー！　やっぱりいいやんか。だからユカちゃんには言いたくなかってん」

と言われ、気まずい空気が流れたことも。

小学生時代にそういう痛い目にあって、失敗しながら、人の顔や表情、しぐさをすごくよく見る習慣がつきました。

私は人の口を読んでいるので、自然と顔全体が視界に入ってきます。

口の形だけを見ていると、淡々と言う「いいよ、いいよ」と、明るく言う「いいよ、いいよぉ」は同じなんです。

でも、実際はトーンやニュアンスの違いがある。

私はそれを表情から読み取って、目線とか瞬《まばた》きの回数とか、顔の筋肉の動きとか、人によって違う要素を合わせて判断していく感覚を、だんだんと培っていきました。

そのことが、後に大学で心理学を専攻することにもつながったのかもしれません。

でも他の人は、話す時に顔をじーっと見たりはしないものなんですよね。

思春期になってきて、特に異性だと恥ずかしいからか、そんなに親しくない子だと

特に顔を合わせて話してくれず、さっと目を逸《そ》らされたりすると「え、嫌われてる？」と思ったりして、モヤモヤしてました。

でも、小・中学生のころ、仲のいい子たちとケンカしたり言い合いをする時は、今思い返せばみんなしっかり口を見せてくれてました。笑

口を隠して悪口を言われたり、嫌味を言われたりした経験はあまりありません。私に対して、アンフェアなことはしたくないって思ってくれていたのかもしれません。

集団登下校、花火大会でしょんぼりする出来事

ケンカしたり仲直りしたり、いろいろあったけれど、やっぱり友だちと話したり遊んだりするのが一番楽しかった。

友だちがいるから、毎日の学校が楽しみだったし。

幼いころから「みんなと同じ」がよかったし、「みんなと一緒」が楽しかった私も、成長するにつれて、どう頑張っても「みんなと違う」「自分だけ、聞こえないからできない」ことが増えてきます。

原体験として刻まれているのが集団登下校。

私の通っていた小学校では、全員が集団登校・集団下校でした。集団で歩く時って、2列くらいでタテに並ぶじゃないですか。隣の子の口は見えるから話せるけど、前後の子たちの口は見えないから、歩きながら話せなくて。

登下校ってけっこう時間が長いので、そのあいだ、友だちと話せずだまって歩くのがすっごくイヤだった。

勝手に列を乱して動くわけにはいかないし、みんながわーっと盛り上がっているのに自分だけ話に入れないし。


似たような状況で言うと、授業中のヤジとかもそうでした。

誰かがおもしろい一言を言って、クラスがどっと笑っている時、私だけが全然わからない。

そういう時に、「ねえ、誰がなんて言ったの?」って聞いても、みんなで盛り上がってたりすると教えてくれないし、丁寧に教えてもらったとしても、その時には笑いのピークは過ぎてるから、盛り上がりの輪には入れない。

そういうことが増えると、どうしても「なんで私は聞こえへんのやろ」とへこんでしまう。

だから私は……、自分からヤジを飛ばす人になりました。笑
自分で言えばわかるし、みんなが笑う理由もわかる。そのあたりはたくましいんですよね(ちょっと方向性がズレてるけど)。

「できないけれど行きたい」気持ちをどう伝えるか

中学生になると、友だちとの遊びのバリエーションも増えていきます。楽しさが増える半面、聞こえなくて、口を読む私にはできないことに気づく場面も多くて。

何人かで、自転車でちょっと遠くに遊びに行こうということになって、バーッて自転車を走らせるんですけど、みんなは走りながら会話するんです。でも、私は自転車で走りながら口は読めないから、会話ができない。

本当はしゃべるのが好きだから話したいけれど、ずっと無言で漕ぎ続けていて。目的地に着いたらいっぱいしゃべるし、楽しいからいいんだけど、行き帰りは「みんなしゃべれていいなあ～」なんて思ってました。

落ち込んだ感じは見せてなかったし、明るく「走ってる時はしゃべられへんねん」と言っていたので、友だちから気を遣われることはなかったけど、やっぱり寂しい気持ちはありました。

花火大会の時は、行ってみて初めて「うわっ、想像以上に暗い！　口が見えない」と気づきました。

それはそうですよね、花火が上がるのは夜で真っ暗なんだから。でも、実際に行くまで自分でもわからなかった。

花火が上がると明るくなるから会話はできるんだけど、会話してると花火が見えない。笑
そして、花火が消えた瞬間しゃべれなくなる、みたいな。

家族といる時は、私が会話できるように自然とやってくれるので気にならなかったけど、友だちと過ごす時間が増えるうちに、わからないこと、できないことが増えていきました。

こうして一つひとつ経験することで、何ができて何ができないかがわかってきました。

でも、「花火の時はしゃべれない」と言うと、次から誘ってもらえなくなるかもしれない。しゃべれないけど、みんなと一緒に花火には行きたいんです。

だから、「口見えなくてしゃべられへんけど、花火は行きたいねん」って言った方が、みんなは受け入れやすいのかなとか、相手に理解してもらえる伝え方を考えるようになりました。

「カラオケ行こう」って誘われた時は、「歌はわからへんけど、リズムはいけるからタンバリン叩くわ！　歌わんでもいい？」って言ったりして、できないけれど行きたいという自分の気持ちを、どう言ったら相手に伝わるかを試行錯誤しながら見つけていきました。

カラオケでは、歌えなくても、しゃべって盛り上がれたらそれでよかった。それに、行ってみて初めてカラオケがどういうものかがわかったし。

でも、正直言うと音楽の楽しさだけはわからず……、「歌を歌って、それを聞くだけの何が楽しいんだろう」っていまだに思ってます。

COLUMN 1

「ん」は６つある!?

難聴者にとって、聞こえない音を「発音」することは難しいことの１つです。

日本語は、「あ」から「ん」までの五十音と「がぎぐげご」などの濁音、「ぱぴぷぺぽ」の半濁音、促音（「っ」）などで構成されている音になりますよね。

でも、それだけじゃないんです。例えば「ん」の発音も実は１つだけじゃないんです！　聞こえる人って「ん」の発音の違いを無意識に使い分けているって知っていました？

皆さん、ぜひ「ん」の音を意識しながら話してみてください。

「あんパン」「かんぱい」「にんじん」「こんにゃく」「しんごう」「しんや」

このそれぞれの「ん」は実は違う音なんです！

唇をくっつけて、口の中で舌を平らにし、鼻から発音するものもあれば、唇を離して、舌の先を上顎につけて発音したり、舌全体を上顎につけたりするものもあります。

ゆっくり意識して話してみてもらうとわかると思うのですが、これらの「ん」の使い分けを、聞こえる皆さんは、無意識にやっているんですよね。しかも、「ん」の発音は１つだけだと思っている。いやいや！　「ん」なんて、発音するだけで６種類くらいあって本当に難しいから！　なんて思っています。

聞き取りやすいようにと、あえて「に・ん・じ・ん」と音を区切って話してくれる人もいるのですが、区切った時の「ん」と、単語として「にんじん」と発音した時の「ん」は、口の形が違うんです。

なので、ゆっくり１音ずつ区切って話すのではなく、単語を意識して話してもらえるとありがたいです。

CHAPTER 2

第2章

できないことに傷つき悩んだ思春期

流行りのドラマは見てもわからなかった

中学生になると、友だちの間で流行《はや》りのドラマが話題になりました。でも、私は全然見ていなくて。

いくら口が読めるといっても、さすがにドラマは厳しい。どんどんカットが変わっていくし、下を向いたり振り返ったりする人の口を追いかけるのはすっごく疲れるんです。それに、口が映っていないシーンもけっこうあって。

昔は、家族でドラマを見ながら母がストーリーや内容を説明してくれていたのですが、説明しているうちにどんどん話が進んでしまうので、母も混乱するし、私もわからなくて、お互いに疲れちゃうんですよね。

でも母は「うまくできなくてごめんね……」という感じではなく、「やっぱムリやったわ〜」とあっけらかんとしていて。笑

思えば、私が聞こえないからドラマを見るのをやめようという家族じゃなかった。

私がわからなくても、家族は楽しそうにそのドラマやテレビも普通に見ていました。そして私もそれを気にするでもなく、そのあいだに本を読んだりゲームをしたりと、好きなことをして過ごしていました。我が家はけっこうみんな自由にやりたいことをやっている家族でした。

聞こえないからと気を遣われることが我が家ではないので、私が申し訳なく思うことも、仲間外れになったような寂しさを感じることもありませんでした。

そして友だちも、私が話に入れないからといってドラマや音楽の話を避けるわけではなく、「ユカコの前でドラマの話をしたら悪いな」っていう感じもありませんでした。

きっと、気を遣われてたら、かえって聞こえのことを気にしたかもしれない。

そのくらい気を遣わない関係性でいられたのはかなり楽でした。

私の本音は……。

ドラマは見てないしヒットチャートは聞いてないけど、話題には入りたいし、みんなの話に興味はある。

ふーんとかへえーと相づちくらいしか打てないけれど、別につまんないって思ってるわけでもない。

でもやっぱり、見るか見ないかを自分で選べる選択肢があるっていうのはいいな。

その時は、なんとなく相づちを打ったりしてやり過ごしていたけど、今だったら、もうちょっとうまく、そんな複雑な思いを伝えられるような気がします。

ちなみに、字幕がついて情報保障の整った今でも、ドラマを見る習慣はありません。1話ごとにいいところで終わるのが苦手で、せっかちだから一気に全部見たい。笑

連続ドラマは、もともと性に合っていないんでしょうね。

みんなと同じものを見ていなくてもいい

ドラマともう1つ、私が見ていないのがアニメです。「ドラえもん」や「クレヨンしんちゃん」、ディズニー作品も、見ていません。

だって、そもそもアニメのキャラクターは口をパクパクさせているだけだから、得

意の読唇術はお手上げです。何を言っているのか全然わかりません。

「アンパンマン」の存在はもちろん知っているけれど、ストーリーとしては1つも知りません。子どもと一緒に見ようとしても、いまだにアンパンマンには字幕がついていないものも多く……。

「アニメも3Dになってけっこうリアルになっているから、ここまで精巧だと口を読めるんじゃないですか？」と聞かれることがありますが、残念ながら読めません！　何度かチャレンジしたけど、リアルな人の口じゃないと読めないことが判明しました。

今はメディアの数が増えて、テレビ以外にもYouTubeやTik Tok、Netflixもあれば Amazon Primeもある。

娯楽の選択肢がたくさんあり、字幕が多くつくようになっているのは、耳にハンデがある人たちにとってはありがたいことです。

私が子どものころは、みんながみんな同じドラマを見て、同じ音楽を聴いてという感じだったので、それを知らないと「ええーっ⁉」と驚かれていましたが、今はそんなことはないですよね。


選択肢が増えて、好きなものが細分化されている多様性の時代なので、「みんなと同じ」がベースにならないのは、生きやすさにもつながる気がします。

すべてテロップがついているような配信動画は、聞こえない人にとっても、聴覚活用（耳で聞いて理解すること）しながら見る人にとっても助かりますし、また、多くの配信者の中から自分が聞き取りやすい（読み取りやすい）話し方をする人を見つけることもできる。

そういう点では、技術が進歩していい時代になったなと感じます。

「いろんな人がいる」ことを知ってもらいたい

高校生になってすぐ、柴咲コウさん主演の「オレンジデイズ」というドラマが流行りました。

周りの友だちでも、「オレンジデイズ」がきっかけで手話を覚えた子がけっこう多かったんですが、私は当時はまったく手話に興味を持たず。周りの聞こえる友だちが手話をマスターする中、当の聞こえない私は相変わらず手話ができないままだったっけ。

そうこうして大学に入ったら、新しくできた友だちから「リアルな『オレンジデイズ』ができるやん！」みたいな感じで、声をかけられたんです。

「いやいや、私手話できへんから、リアルなオレンジデイズにならへんで」

「あ、そっか……じゃあ意味ないやん～!?」

って、あっさりその話は立ち消えになりました。

それでも、「聞こえないってどういうこと?」とは言われず「あっ！『オレンジデイズ』見てたよ！」と返されることが増え、ドラマの影響ってすごい！　と実感しました。

ドラマのおかげで多くの人に「聴覚障害」について知ってもらえるというのは本当にうれしいです。聴覚障害って、なかなか本質的な困りごとに気づいてもらえない障害なので、ドラマで私たちが困るのと同じような、いろんな場面が出てくるのはありがたいです。

ただ、ブームになると、広く伝わる半面、すごくシンプルに伝わってしまうという側面もあります。

例えば、「聞こえない人＝手話」といった感じで。

実は、「耳が聞こえない」といっても人によって程度の差はあります。まったく聞こえない人もいれば、ちょっと耳が遠いだけの人もいる。

しかも、単純に補聴器で音を大きくしたら聞き取れるようになる！　というわけでもありません。

人工内耳で音を伝えることで、普通の人と同じ聞こえになるというわけでもありません。説明が難しいのですが、聞こえるにも差がある。そんなふうに聞こえ方は人によって千差万別です。

加えて、聞こえにかかわらず、コミュニケーション手段は人によってバラバラです。例えば、聴覚活用といって、補聴器や人工内耳をつけて耳から聞いて話す人もいますし、私みたいに口を読んで話す、読話を使う人もいます。

そして、皆さんご存じの手話もそうですね。手話と聴覚活用を併用する人もいれば、手話だけという人もいます。

コミュニケーション手段が人によって違う分、「希望する対応」がまったく異なるのが聴覚障害の難しいところです。

その上で、〝いろんな聴覚障害者がいる〟ということをわかってもらえたらなという思いで、私はこういう本を書いたりSNSで発信したりしています。

そしていつか、人工内耳や補聴器をして聞いたり話したりする聴覚障害者が登場するドラマができたり、登場人物の1人として、当たり前に聴覚障害者も出てくるような時代になったらいいなって楽しみにしています。

聞こえないことをいつ、どう説明するかで悩んだ日々

学校では1年間同じクラスなので、最初に「耳が聞こえません」と言えば、クラス全員に私が聞こえないことが伝わりました。

でも、塾になるとそうもいかなかったんです。

例えば、塾はテストによってクラス替えがあるし、毎月のように辞める子もいれば新しく入ってくる子もいる。だからといって、新しく入ってきた一人ひとりの席まで行って、「私、耳が聞こえないねん」と言うのも変な話じゃないですか？　なので、その機会が来るまで言わずにいることが多かったんです。

そうこうしているうちに、私のことを知らない子が1人、2人と、ポツポツ増えてくるんですよね。

「ユカコって機嫌悪いのか、ちょこちょこ無視するよな〜」

「ちょっと発音も変わってるよね？」

と噂話《うわさばなし》もされていたみたい。もちろんその声は私には届いていません。

ある日、1人の子に聞かれました。

「なんで普段普通にしゃべってるのに、突然無視したりする時あるん？」

「えっ？ あれ？ 言ってなかったっけ？ 私、耳が聞こえなくて」

「えっ⁉ ちょっと待って！ そうなん⁉」

という感じで互いに初めて誤解に気づく、みたいな。

この子の場合は、直接聞いてくれたから誤解が解けて仲良くなれましたが、むしろその方が稀《まれ》で。やっぱり見た目でわからない分、トラブルになることが多かったです。

でも、自分から言ってないのに、いつの間にか知ってもらっていることもあって、「あ、私耳が聞こえないねん、口見てしゃべってるんよ！」と説明しようとすると「知ってるで～、聞いた聞いた」と言われることも。

そうなると、ますます「私はどのタイミングで聞こえのことを言えばいいんや～‼」って悩み、挙句、「めんどくさいし、言わなくてもいいか！ 気づくでしょ！」と放置することに。でもやっぱり説明した方がよかったな……となることがほとんどでした。こうして障害をどんどんオープンにした方が楽だと気づいていきます。

こんな私でも、塾でも友だちに恵まれ、学校とは違ったメンバーに会えるので、塾に行くのが実はとても大好きでした。

そうそう、名前って、読唇するのが難しいんです！

何度聞いてもわからなくて気まずくなったことも……。

「なかしまさん」と「なかじまさん」、「みほちゃん」と「みおちゃん」とかは、口の形が同じなんです。他にも似ていることばはあるけれど、文章とか会話だと脈絡があるから、想像できます。

例えば「たばこ」「たまご」は似ていると言われますが、「朝、たまご食べた？」を「たばこ」と思うことはありません。でも、「みほちゃん」も「みおちゃん」も実際にある名前なので、どちらが正解かが、わからないんですよね。

今だったら、「へぇ、どんな漢字で書くの？」とか、「み〝ほ〟ちゃん？」とサラッと確認したり、「口の形が一緒だから、名前の読唇術、苦手やねん！　書いてくれる？」といろいろな聞き方ができるのですが、小・中学生のころは「へぇ〜」と流して、勝手に間違えた名前で覚えていることも多々ありました。

だいぶ経ってから、「ええ〜！！！　名前違うやん！」と気づくことも。

よく関わる相手ならともかく、それほど親しい間柄ではないけれど、聞こえないことは知っておいてもらいたい相手に、どのタイミングで「聞こえないことを伝える」か、人生経験の浅い当時の私はその方法を見つけられないでいました。正直、今でも難しいことはよくあります。

「聞こえない」ことを理解してもらうには、タイミングと言い方が９割

「いつ言うか」というタイミングの問題とともに、「どう伝えるか」という説明の仕方も大事だと、成長とともに知りました。私は補聴器をつけているけれど、口を読まないと何を言っているのかがまったくわかりません。

顔を見れば会話が成立する分、「ユカコは耳が聞こえない」と知ってはいても、まったく聞こえないとは思わず、ちょっと耳が遠いだけなんだろうな〜と思っている子も数多くいました（もしかしたら、あのころの友人たちは今でもその見解かもしれない）。塾の友だちが、「塾終わった後、みんなでコンビニ行こ〜。あっちで集合ね！」と声をかけてくれていたらしいんですが、私の後ろでしゃべっていたから知らなくて。するると、次に会った時に「こないだどうしたん？　来ると思ってたのに来なかった

から！」って言われたので、そこで初めてそんな話があったことを知って。

「あ、私耳が聞こえないねん」と言ったのですが、その友だちは「そんなん知ってるよ～」と……。


いろいろな経験をしてだんだんとわかってきたのは、友だちは私が耳が聞こえないことは知っているけれど、どうするといいのかまでは具体的にわからなかったということ。


だから、聞こえないことを伝えるだけじゃなくて、

「聞く代わりに口を見てるから、口を見せて言ってほしい」

と伝えなきゃいけないんです。

「聞こえない」という事実と、「だから、こうしてほしい」という要望を同時に伝えないと、周りに「聞こえないことを伝えた」ことにはならないんだと気づきました。


正直、小学生のころは、ただ「聞こえない」ことだけを伝えると大きな声でしゃべってきたり、紙に書いてきたりすることも多々。もうっ！　なんでわかんないんやろ～、口を見せてくれたらいいのに！　と思っていたっけ（そう言っていないんだから、わからなくて当たり前）。

また、初対面の人に開口一番「私、耳が聞こえないねん」と言って相手に少し距離を置かれたり、「そっか〜」と話が終わっちゃうことも。聞こえない人にどうしたらいいかわからなくて、不安になってフライング気味に言っちゃったんだと思うんです。やっぱりタイミングも大事ですよね。いきなりじゃなく、少し会話をしてから言う方がいい時もあるし、最初に話した方がいい時もある。

例えばカフェの店員さんなら、わざわざ聞こえについて言わなくてもいい。普通に注文してそのままコーヒーを持ってきてもらって……、なんの問題もありません。

でも、店員さんに質問をされた時、私が下を向いていて口を見ていなかったら、そこで初めて「実は、耳が聞こえないので、口を見せてもう一度言ってもらえますか？」と伝えることもあります。

「聞こえない、だからこうしてほしい」「こうすればわかりやすい！」を一緒に伝えることと、タイミングを見計らうようにすることで、距離を置かれたり、敬遠されたりすることが減りました。

聞こえないことはちゃんと伝えなくちゃいけない。そのために、タイミングと伝え方が重要ということが身に沁《し》みました。

人に相談してもどうしようもないこともある

塾が終わるのが夜遅くて、帰るころには真っ暗。帰りは友だちと一緒なんですけど、暗くて口が見えないから、何を言っているのか全然わからなかった。

友だちはいろいろしゃべってくれるんだけど、いちいち「口見せて」とか「口が見えないからわからない」と言うのも面倒だし、話をさえぎりたいわけでもなかったから、空気を読んで「うん、うん」と適当な相づちを打っていました。

そうしたら、

「ユカちゃん話聞いてる？　聞く気ないんでしょ」

「ユカちゃんと話していても聞いてくれないし……おもしろくない」

と言われるようになって。

私としては、適当に聞いてるつもりはないし、むしろ会話を邪魔しないようにしてるつもりだったのに、そう言われてしまうことが虚しかった。

友だちは、暗いから口が見えなくてわからないということまで想像ができなかったし、私自身も、暗い道でしゃべってみて「こんなにわからないんだ」と気づいて、どうにかその場をやり過ごそうと思った結果、悪気はないけれどすれ違ってうまくいかない……みたいなことはしょっちゅうありました。

友だちとのすれ違いで言えば、私は、相手の言うことが完全にはわからなくても、読み取れた単語を脳内でつなぎ合わせて「この話かな」と勝手に解釈するところがあります。

例えば、お礼を言われる場面だったら、「あり」の口が見えただけで「ありがとうございます」だなと思っちゃう。「今日、学校で○○ちゃんがさ、……」と言われたら、「学校」と「○○ちゃん」だけで「ああ、あの話か」って推測しながら聞いてしまうことも。

それが癖になっていたので、自分ではちゃんと聞いているつもりだったんですけど、「学校」と「○○ちゃん」で私が思っていたのと違う話だったのに、「へえ〜」と返事すると「今の話は『へえ〜』じゃないやろ〜！」って言われることがあったりして。

そういうことがあると、やっぱり私って耳が聞こえないからみんなみたいに会話ができないんだなあって落ち込むんですよね。だからといって、聞こえないことは治せない。そして毎回、「え？　なんて？」と話をさえぎるのもちょっと空気が読めなさすぎて。解決策がないし、もやっとするけど、だからといって家に帰って親に相談するほど大きな問題でもない。

そういう小さな「もやっと」が積み重なっていました。

解決できないことは相談しない

親には、学校や友だちのグチなんかはよく話していましたが、「聞こえ」に関する相談はほとんどしたことがありません。

親に気を遣っていたからではなくて、これは、ある意味私の達観したところかもしれないのですが、

「聞こえに関することを相談してもしょうがない」

と思っていた気がします。

相談しても聞こえないことは変わらないし、相談したことで解決するものではない。解決しないことを相談するっていう発想自体がありませんでした。

でも、私の性格も忘れっぽいんです。そういうトラブルがあっても「ま、いっか！」

とけっこう楽天的に考えられるタイプだったので、その時その時はもやっとしても、それをずーっと引きずることはありませんでした。

今思えば、たくさんの居場所があったことが大きいなと思っています。例えば学校の友だちとトラブルがあった時は塾の友だちと仲良くできると気持ちが晴れるし、塾で何かがあっても学校で楽しく話せるし、スイミングなど、習い事のお友だちとワイワイ話したりすることもあるし、という感じで、安心できる場所がたくさんありました。

人に相談する代わりに自分で見つけた解決策、と言えるかもしれませんが、学校、塾、習い事、幼馴染、家など、複数の居場所のどこかで元気をもらえたことがよかった気がします。

高校の時も、友だちとケンカした話は彼氏に聞いてもらったり、彼氏のことは友だちに聞いてもらったりして、どこかでバランスを取っていたような気がします。

すべての関係性で同時にトラブルが起こるということは、まずないので。

もちろん、根本的な解決にはなっていないかもしれないけれど、そもそも聞こえないことは解決しようがないので、そこを気にしすぎずに、自分がやっていて楽しいことに目を向けるのが私にとっての当たり前でした。

お互いにしんどくなって離れた親友との苦い思い出

高校に入ってすぐ、すっごく気が合って仲良くなった友だちがいました。クラスも一緒、部活も一緒、家が近くて帰り道も一緒でした。大好きで、毎日ずーっと朝から晩まで一緒なのに、嫌にならないくらい。

その子は、めっちゃ頭の回転がいい子で、しかも気が利く子でした。私が聞き逃したことを説明してくれるのがとても上手で。

私にとって必要な情報を簡潔に的確に伝えてくれたり、クラスが盛り上がった時にさりげなく教えてくれたり。たぶん、高校時代の私の性格や聞こえのことを一番わかってくれていたと思います。

周りの友だちや先生も彼女を頼っていたし、私も「え？　今、先生なんて言った？」って聞いてたし。彼女も「わかった、わかった」みたいな感じで対応してくれていて、心強かったことを覚えています。

そんな日々が続いて高校1年の終わりくらいになると、2人で過ごしている時は全然問題ないし気が合うままなんだけど、周りの人たちが勝手に私と彼女を2人セットみたいにしてしまうので、他の子と遊びづらかったり、なんだかお互いにギクシャクしてしまって……。

彼女の方は、いちいち私に伝えなくちゃならないことに疲れていたし、私は私で、他の子に聞けばいいことも彼女に聞かなくちゃみたいな周りの空気を感じていて、なんとなく気まずくなっていました。

でも2年生になればクラス替えもあるし、そこで離れれば、お互いに嫌いになったわけじゃないからまたリセットできるかなと思っていたのですが、2年生になっても同じクラス。どうやら、先生が気を利かせて私たちを同じクラスにしてくれたみたいなんです。

お互いにしんどいけれど、周りはすごく仲がいいと思っているから、離れるのも微妙だし……と思っていた矢先の帰り道、彼女が言いました。

「ちょっと……しんどい。ユカコのことが嫌いってわけじゃないけど、もう疲れたから、距離を置きたい」

彼女の気持ちは重々わかっていたし、私自身も前みたいな関係には戻れないかもと思っていたのですが、ことばにして言われるとやっぱりつらかった。その日は大号泣しながら家に帰りました。

今思えば、彼女は〝ユカコ担当〟みたいになってプレッシャーも感じていたのでしょう。そんな彼女の気持ちにうすうす気づいてはいたものの、いざ言われるとやはり落ち込みましたし、大好きな彼女にそこまで言わせてしまった自分にも、もやっとしたし、なんでこんなにうまくいかないんだろう……とへこみました。

そこから彼女とは距離を置くようになったのですが、クラスメイトからはケンカしたように見えたらしく、私たちが同じ班になったりしないようにと、すごく気を遣われていましたね。

嫌いじゃないしケンカしたわけでもないから、複数いる班で一緒になるのはよかったんだけど、なんだかそれもうまく伝わらず、高校2年生の1年間は苦しい思いが続きました。

自分から「離れよう」とは、どうしても言えなかった

彼女が「しんどい」のと同じように、私も、2人がいつも〝セット〟で見られることにしんどさを感じていました。

他の子にわからないことを聞くのもなんとなく気が引けたり、周りもそれは彼女がやること、みたいになって、聞ける雰囲気じゃなかったり……。

でも、私から「離れよう」と言う選択肢はありませんでした。


やっぱり、彼女のおかげで助かっている部分が大きかったんですよね。

テスト範囲もきちんと教えてくれたし、私が「わからない」って言う前に察知して伝えてくれていたし。もし彼女がいなかったら、学校生活はもっと大変だったと思います。

半分はしんどいけれど、半分は助かってるし、気も合うし、やっぱり一緒にいて楽しい。きっぱり離れたいわけではないけれど、ずーっと一緒はお互いちょっと疲れてきている――。

2人にとってちょうどいい距離の取り方が、うまく見つけられませんでした。

社会人になって久しぶりに彼女に会った時、「そういえば、あの時は……」という話をしました。

そんなに細かく話したわけではないけれど、お互いに「うん、わかってる。あの時はあれしかなかったけど、もっといい方法があったなって今となっては思う……！」みたいな感じでしたね。

今はまた仲良くなって、大人の友だちとして付き合っています。

もともと気が合っていたから、関係性が戻るのも早くて。今でもすごく尊敬している友人の1人です。

気が合って仲がいいからこそ頼りになるけれど、〝聞こえ〟について1人の人に頼りすぎてはいけないし、依存関係になると後々お互い大変になるということ。

いろんなことを分散して、少しずついろんな人に頼る健全な関係の方が、相手も自分も楽なんだということを、この苦い経験で知りました。

アドバンテージが一気にゼロになった高校時代

高校時代を一言で言うと、
「アドバンテージがなくなった時代」
です。

テレビや映画を楽しめない私の、小さいころからの娯楽は絵本や本を読むことだったので、教科書や参考書を読む、ということに抵抗がありませんでした。

しかも、ことばの教室で先に勉強していたから、知ってる〜！　ということも多く、小・中学校のうちは、勉強は本当に得意な方でした。それが、高校に入るとガラッと変わります。

いわゆる進学校に入ったために、周りは勉強のできる子たちばかり。授業のスピードは速いし、当然ながら自分よりはるかにできる子しかいない！

また、高校のモットーが「文武両道」で、勉強も運動もできて当然！　という校風。

私も運動は好きだったのでテニス部に入って頑張っていました。でも授業では、先生が何を言っているかわからない、参考書を読んでわかったつもりでも、実際に問題を解こうとすると、どういうこと……解けない……？　となる日々。そして、周りは勉強も運動もできる上に性格もいい！　という子ばかり。

とうとう……、小・中学校で持っていたアドバンテージが一気にゼロになりました。涙と同時に、前項で話した親友とのしんどい関係もあったりして、勉強、運動だけじゃなく、人間関係とかコミュニケーションなどいろんなことの自信がなくなっていきました。聞こえない自分が嫌だなと思ったのもこのころです。

幼稚園、小学校、中学校までは、ある程度勉強もできたし、友だちも幼いころから知ってる子ばっかりなので、安心できるコミュニティもあった。私もリーダーシップを取るタイプだったし、自分が自分らしくいられました。

また大学生になった時は、クラスという枠組みがなくなって広く付き合えたし、みんなと違ってもＯＫという風潮があり、自分なりのやり方を模索していけたので、その谷間にある高校時代が、一番もがいていた時期でした。

勉強も人間関係もうまくいかないし、落ち込んでやる気が出ないし、やる気が出ないからまたネガティブに捉えてしまって……と、よくないスパイラルにはまっていました。

先輩に二度怒られて、初めて理由がわかった

部活はずっとやりたかったテニス部に入れたので、大好きな時間の1つでしたが、先輩・後輩の関係が難しい時もありました。

例えば先輩たちに注意されることがあっても、何について注意されているのかよく聞き取れないことが多くて。とりあえずわかっているのは、先輩が怒ってるってことだけ。

でも、「え？　なんですか？」とか「もう一度言ってください」とか言える雰囲気じゃなかったので、結局なんのことかわからないまま終わり、また次も同じことをして怒られることの繰り返し。

「前も言ったやん」って言われて初めて、「あ、前、このことで注意されてたんや」とわかる始末でした。

実際は、先輩たちもそんなにキツく怒ってたわけじゃないと思うんですけど、当時の私からしたら、1年上の先輩がすごく怖かった。部活自体は楽しかったけれど、そういう、聞こえないからこその困りごとはありましたね。

一方、学年が上がって後輩が入ってきた時にも、ちょっとした悩みはあって。後輩が挨拶したのに私が気づかなくて、「ユカコ先輩は挨拶返してくれない」って思われていたことがあったんです。

また、ちょっとひかえめな後輩だと、はっきりしゃべらないから口が読めなくて、「えっ、何？」と聞くと、怒っていると思われてしまったり……。

私は厳しく言ったつもりはまったくなくて、普通に聞いただけなのですが、声が大きくて言葉遣いが雑な時があるから、後輩からしたら怖く感じることがあったみたいです。

〝そんなつもりじゃないのに問題〟に私がなかなか気づけなくて、後から知って大反省！　ということがちょこちょこありました。

なので、気づいてからは、話し方や聞き方に気をつけるようにしました。

すると次第に、後輩たちも私の聞こえのことをわかってくれて、口を見せて話してくれたり、わかりやすく話してくれたりして。けっこう仲良くなったので、最終的には楽しい先輩だと思ってくれていたんじゃないかな（希望的観測！）と思います。

できないことが言えなくて恋愛がうまくいかない

高校のころは、恋愛にもコンプレックスを感じていました。聞こえる子が当たり前にできることも、聞こえない私にはできないことがたくさんある。家族や友だちにはそういう面も見せられるけど、好きな人には見せたくないという気持ちがあって。

やっぱり、いいところを見せたいっていう〝ピュアな恋心〟があったんですよね(今はもう、そんなピュアさはないけれど)。だから、近くにいて、私の聞こえなさやできなさを知っている同級生の男の子には、好きになってもらえないし付き合えないんだろうなあ、と勝手に思っていました。

高校のころに付き合ったのは、習い事でつながりのある違う学校の子や、学年の違う先輩。それでも、「聞こえない私が好きって言ったら迷惑かも」と思っていたので、相手から言われて付き合うという感じで。臆病な私は自分から告白したことはありませんでした。

付き合った人は、もちろん私が聞こえないことを知っています。それでも、言っていることがわからなくて聞き返したら悪いかなと思って聞き返せなかったり、普段だったらそこまで頑張って口を読まない場面でも、無理してガン見して口を読んだりしていました。

学校帰りに映画を見ることになって、ちょうどいい時間にやっているのが邦画だったりすると、字幕がないんですよね。友だちだったら「字幕ないから、ムリやわ」って言えるのに、彼氏には言えなかった。

映画の雰囲気はわかるけど、口を読むのも限界があって、内容は全然わからない。内心、「つまんないな」と思いながら見て。

電話とかカラオケとか、本当にできないことは「できない」と言っていたので、その上、映画もわからない！　って言ったら、「障害がある彼女って面倒くさいな」と思われるんじゃないかって考えていたんですよね（聞こえない私と付き合うくらいなんだから、実際はそんなことはなかったと今なら思うんだけど）。

当時、友だちは彼氏とウィルコムの無料通話プランでずっと電話していて、うらやましいなと思うと同時に、「彼は、電話のできない私のこと嫌って思わないのかな」

とか思っていました。できないことは全部正直に言って、私らしくいられればよかったのですが、こと恋愛に関してはそれができなかった。

だから、相手に告白してもらって付き合っても、私が無理して疲れちゃって、「別れたい」と言って終わっていました。

それが〝一人相撲〟だったとわかるのは、高校を卒業してからです。

憧れていてもできないことだらけだった

付き合っていた人と別れて、次の彼氏ができるまでの間は、

「みんなは普通に次の彼氏もできるけど、やっぱり耳が聞こえない、障害者の私は彼氏なんてできないんだ‼」

とよく友だちに愚痴ってました。

友だちは、「いやいや、こないだまでいたやん！」と突っ込みながら「また、すぐにできるよー」「聞こえないとか、関係ないやん」という感じでしたが、私からすると「いや、関係ないことはない！」とかたくなに思ってました。

みんなはそう言うしかなかったと思うけど、自分としては重要な問題だったから、

それをわかってもらえなくてもやもやし続けていました。

「聞こえない人の恋愛ってハードルが高いんだって！　だって、耳が聞こえない人と誰が付き合いたいって思うの？」とずーっと思ってたので、好きになってくれた人には本当に感謝しかなかったです。

小さなことかもしれないけれど、大晦日《おおみそか》から元旦になった瞬間に「あけましておめでとう」の電話をするとか、夜の公園でたわいのない話をずっとするとか、みんなが恋愛において当たり前に楽しんでいることができないのは、自分も寂しいし、相手にも申し訳ないし……。思春期で恋愛に憧れもあったので、その、憧れていることの中にできないことがたくさんありました。

それを無理にやろうとすると、結局うまくいかなくて自己嫌悪に陥っての繰り返し。

今なら、できないことは「できない」と明らかにした上で、どんなサポートをしてほしいか、どんなふうに補ったらできるのかを、もっとうまく伝えられると思います。

でも、当時は「あれもできない」「これもできない」と、無意識のうちに「できないこと」ばかりを探してマイナスに捉えていました。本当は「できること」もたくさんあったはずなので、そっちに意識を向けていれば、もう少し楽しく恋愛できたのかもと思ったりします。

「鳴くよ鶯平安京」「水兵リーベ僕の船」が覚えられない！

そうこうしているうちに、高校3年生になっていよいよ受験勉強に突入。

文武両道の学校なので、部活は3年生の夏に終わり、みんな、3年生の夏休み以降の追い上げがとにかくハンパない！

引退した瞬間からエネルギーを部活から勉強に全振りして、いい大学にバンバン受かっちゃう人がたくさんいる感じでした。


私は3年生の夏まで部活を続けたかったのと、そんなに出来がよくないと自覚していたので、親に「浪人前提でいい？」と相談したっけ。ただでさえ数学のテストで200点満点中7点（！）とか取ってたくらいだから、当然、半年間の受験勉強で受かるわけがありません。

親はわりと寛容で、「ええ〜〜〜？　受験前から浪人とか言わないで頑張ってよ〜、別に浪人してもいいけど、今から⁉」というリアクションでした。

3年生の夏休みは、毎日のように学校や塾に行っていました。学校の授業はないけれど、教室が自習室みたいになっていて、仲のいい友だち同士で勉強するという環境ができていました。

1人で勉強するとサボってしまうので、みんなで勉強すれば「頑張ろう！」という気持ちにもなる。塾の夏期講習とか模試とかを一緒に乗り越えていく中で、成績が伸びていく実感はありました。

受験勉強する中でみんなと違ったのは、語呂合わせが苦手だったこと。歴史の年号を「なんとリッパな平城京（710年、平城京遷都）」「鳴くよ鶯《うぐいす》平安京（794年、平安京遷都）」と覚えたり、化学の元素記号を「水兵リーベ僕の船（H〈水素〉He〈ヘリウム〉Li〈リチウム〉Be〈ベリリウム〉B〈ホウ素〉C〈炭素〉N〈窒素〉O〈酸素〉F〈フッ素〉Ne〈ネオン〉）」と暗記したりするのがありましたよね。

みんなは語呂合わせが覚えやすいみたいで、先生も「これで覚えなさい」って言うんだけど、聞こえないからか、リズムや音では覚えられなくて……。

だから、九九もいまだに苦手なんです。「ににんがし」「にごじゅう」の「が」が入るか入らないかもややこしいし、そもそも「いんいちがいち」って、どうして1が「いん」から「いち」に変わるのかの意味がわからない。

覚えたゴロをパッと頭で数字にするのがいまだに苦手です。

どうしてみんな、こんなに面倒くさい覚え方するんだろうって。かえってわかりにくいし。

むしろ、一つひとつ絵として覚えるような原始的な方法が得意でした。

得意の小論文で入試をクリア、奇跡の現役合格！

浪人するつもりの私でしたが、運よく神戸大学に受かりました。

センター試験の点数は、正直言ってギリギリだったんじゃないでしょうか。

でも、2次試験に面接と小論文があって、この2つに関しては私の得意分野！

特に小論文。なんせ、幼稚園の時から語彙力や読解力を磨いていたくらいなので、文章を書くのは得意でした。聞こえない私だからこそ書けることもたくさんあったし。

面接は、耳が聞こえないことをしっかり伝え、口頭でわかりやすく話してもらいました。

たまたますごく口が読みにくい先生もいて、「もう一度お願いします！」を何度か繰り返したけれど、伝えたいことはしっかり伝えられました。


おかげで奇跡的に現役で合格！

高校時代はうまくいかないことも多く、自信を失って落ち込むこともあったので、受験で努力が実ったのはうれしかったですね。

ちなみにセンター試験の時は、いろいろと配慮をしてもらいました。入試という重要な場面では、必ず聞こえないことを事前に伝えて配慮を受けます。身体障害者手帳や医師の診断書なども必要に応じて事前に出します。

私の場合は、英語のリスニングは免除になって、筆記試験の点数がリスニング分として換算されました。リスニングの試験中は、別室で待機。

ただ、発音のアクセント問題は筆記の範囲なので、受けました。アクセントはどんなに勉強しても全然覚えられないし、結果的にまったくわからなくて、最後まで「勘」でした。「聞こえる人はずるいなあ」と思ってたっけ。

試験の開始と終わりには、試験官が口頭で伝えるのと同じことを、紙に書いて出してもらいました。「開始」「あと5分」「終了。鉛筆を置いてください」といった紙を、係の人が見せてくれました。

マークシートの記入法も、紙に書かれた説明を読んで理解しました。だから、筆記試験でも特に支障はありませんでした。

こうして、晴れて大学生活がスタートしました（続きは第3章へ！）。

COLUMN 2

「オイオイ」って何……？

聞こえない私にとって、どう読めばいいのかわからないことばだらけです。

けっこう読書が好きだから読みはけっこう得意！　なんて思っていたのは昔の話。めっちゃ間違えて覚えていたことがどんどん判明します。

例えばニュースなんかでも当たり前に出てくることばを知らないことが多いんです。「帰省：きせい」を「きしょう」と読んだり、「ご利益：ごりやく」を「ごりえき」と読んだり。

特に難しいのは、ブランドの名前。文字通りに読ませるのではなく、そのブランドのオリジナルな読み方をするものが多いですよね。雑誌とか看板にもふりがながついているわけではないので、なんとなく読んでいたりして。

ではここで、私が勘違いしていたブランドシリーズ！

・「Supreme：シュプリーム」→「スーパーミー」　シュなんて思ってなかった！
・「A.P.C.：アーペーセー」→「エーピーシー」
・「HERMES：エルメス」→「ヘルメス」
・「〇｜〇｜：丸井」→「オイオイ」って読んでいて、マルイだよ！　って言われた時なんて衝撃的でした！

聞こえる人は耳からいつの間にか読み方が入っていることが多いですよね。それに、初めて見た時に読み方がわからなくても、何かの時に耳にして「あ、そっか」とわかることもあると思います。

ですが、聞こえないと情報が文字のみで、それを勝手に自分の知ってる読み方で読んでしまって、誰かに指摘されない限り気づかないんですよね。昔からある「難聴者あるある」かもしれません。

CHAPTER

3

第3章

世界が広がり自分の道を見つけて就職

時間のある時にしかできないことをする！と決めていた

入学したのは、神戸大学の発達科学部。心理学の勉強もできて、教員免許も取れる学部だったのが決め手でした。

耳が聞こえない私は、口を読むだけではなく顔全体を見ているので、人の表情やしぐさから考えを読み取ることが当たり前に身についていました。それを体系的に学んでみたいという思いがあり、心理学に興味を持ちました。

教員免許は、両親が「障害があるからこそ、資格を持っているに越したことはない」という考えだったので、教師になるつもりはなかったけれど、学費を払っているのは親だし、ということで途中まで資格取得のための単位を取っていました（先に就職が決まったので、結果取らず）。大学では行動心理学をメインに勉強していて、人の行動にどんな心理が働いているのかを知るのは、すごくおもしろかった。

でも……、私自身は大学でもう1つ大きな目標があったのです。時間に余裕のある大学生だからこそ、大学生のうちにしかできないことにチャレンジする！　こと。なので、大学1年、2年でできるだけ単位を取って、3年、4年は海外を一人旅していろいろな国を見てみたい！　と思っていました。

そのためには、2年間で授業を詰め込んで単位を取らないといけない。そこで、先輩に一般教養の授業がどんなものかを根掘り葉掘り聞きました。聞こえない私でも単位が取りやすそうな授業かどうか、がポイント。

その結果、講義で話された内容がテストされる授業は、聞こえない私にはハードルが高いので、できるだけレポート提出で単位が取れる授業や、出席を点数に換算してくれる授業を選択しました。

「聞こえない私でも単位が取れる授業」を優先したので、興味のない分野もちらほら。先輩の情報をもとに選んでも、いざ授業に出てみると、プリントやテキストなどが一切なく、とにかく先生がパーッとしゃべって終わる、みたいなのもありました。「私、耳が聞こえないんです」と最初の2~3回は先生のところに行って頑張って伝えるのですが、先生に忘れられてしまったり、聞こえないことへの理解をなかなか得られなくて、どうにか単位さえクリアすればもういいっか、とあきらめる感じで。

結局、周りの友だちにわからないところを教えてもらうなどして助けてもらいました。そんなこんなで、1、2年生の時はとにかく勉強しました。大学に遅くまで残って課題をこなしたり。

その結果、2年間で大半の単位を取り終えました。だから3、4年生では思う存分やりたいことができました！ 山ごもりに、海外放浪。本当遊びまくりました。

本当に、あの時の自分よくやった！ と称《たた》えたいです。

自分の思いと必要な支援のはざまで

大学に入った時、授業のサポートとして「ノートテイク」を提案されました。ノートテイクとは、聴覚障害のある学生の隣で、先生の話を文字で通訳すること。大学側から提案があったのですが、私は全部断っちゃったんです。隣で聞いていた母は、「ええ⁉ なんで⁉」と言っていたのですが、私の中でははっきりした理由がありました。

ノートテイクを頼むと、大教室でも前の方に座らないといけないし、やっぱり目立つんですよね。それに、「今日はしんどいから休もうかな」と思っても、ノートテイクの人がいると思うと、ちゃんと行かなきゃと思って休めなさそうと感じて。

時と場合によりますが、聞こえないことで特別扱いされるのはやっぱり抵抗がありました。この日だけ、ならいいけれど、毎日の生活の中に組み込まれるのは避けたかった。

そして、いつもノートテイクの人と一緒に座っていると、友だちもできないと思って。私という存在が、いつも「支援」とセットに見られてしまいそうで、これまで友だちに聞いたりフォローしてもらったりして培ってきた関係性がゼロになってしまうんじゃないかという不安もありました。

私の中の優先順位は、常に「〝友だち〟と〝自分らしくいられること〟」だったんです。でも後に、ノートテイクを断ったことは失敗したな……と思いました。

まず外国語の授業。英語と第2外国語の中国語の授業がまったくわかりませんでした。先生は両方ともネイティブですし、ことばがわからないから口も読めない。

「これは、どう頑張ってもダメだ……」

白旗を掲げた私は、大学の事務室に行ってノートテイクをつけてほしいと頼みました。でも、その時すでに前期の中盤くらいになっていて、「途中からのノートテイクは無理です」と言われました。途中からだとボランティアの調整が難しくてできないのだそう。

じゃあ、後期からでもお願いしたいと言うと、「後期でも間に合うかどうか……。来年だと大丈夫かもしれないけど……」と。

結果的に、中国語はそもそもノートテイカーがいないということで頼むことができず、自力で乗り切りました。でも2回単位を落とし、どうにか先生とコミュニケーションを取りながら3回目にようやく。

英語は、英文科の先輩がノートテイクをやってくださり、結果すごくわかりやすく伝えてもらえたおかげで無事に単位が取れました！

必要な支援を見極めることの大切さを痛感した経験でした。この時母は、絶対困るだろうなぁと思っていたけれど、「どうせ言っても聞かないし」と、あえて何も言わなかったそうです。

もし母に「絶対必要！」と言われていたら、ケンカしてしぶしぶつけていたかもしれません。でも、きっと最後まで、支援の大切さに本当の意味で気づけなかった気がします。

自分で選んで、大失敗した経験があるからこそ、自分で選ぶこと、自分で決めることの大切さと、「自力で頑張れないことには支援をつけてもらう」ことを学びました。

人生のレールに乗ることがすべてじゃない

私の周りには常に、生まれた時から私のことを知ってくれているような人がいて、一緒に成長してきた友だちもいて、聞こえないことはもちろん、聞こえない私との接し方を知り尽くしている人がたくさんいました。

高校までは1年間同じクラスで過ごすので、日を追うごとにみんなも私も慣れてきて、聞こえないことをわかってもらうための苦労は、あまりなかったんですよね。

それが、大学に入った途端、初対面の人との接点が圧倒的に増えました。

もちろん、私のことを説明してくれる友人はいないので、会う人ごとに聞こえないことを説明しなくてはなりません。

その時に、いろいろと言い方とかを試してみたんですよね。

「この人は、口がわかりにくすぎるから、初めから『聞こえない』って言おう」

「最初に聞こえないと言ったら引いちゃうかもしれないから、仲良くなってから」

「改まって言うより、『そういえば』って感じで言う方がいいかも」と、相手によって伝えるタイミングや伝え方を変えてみました。

そうこうするうちに、相手によって受け入れてもらいやすい言い方をするのがうまくなっていきました。

会話の中で、「私、耳が聞こえへんから、口見せて話してほしいねんよ」と言うと、相手はゆっくりはっきりしゃべろうとするので、「ありがとう！　そういうふうにゆっくりしゃべろうとしてくれるんはうれしいんやけど、私の場合は普通のスピードでしゃべってもらった方が読みやすいねん〜！」と言って「あ、そうなんや！　ＯＫ！」みたいなやりとりを繰り返しました。場数を踏むって大事なんですよね。

大学2年生の冬、20歳になりたてのころ、3カ月ほどスキー場に山ごもりをしました。テストだけ、夜行バスで受けに帰ってたっけ。笑

これまで過ごしてきた高校や大学の友人とはまた違って、出会ったことのない雰囲気の人が多くて。特にスノボ仲間は、本当にファンキーでエキセントリックな人が多かった！

高校を出たら大学に行って、その後は企業に就職するという、いわゆる社会のレールに乗るのが当たり前という環境にいた私からすると、かなり自由な人生を送っている人たちに出会ったのは、ちょっとしたカルチャーショックでした。私より年上の人も、「夏は海、冬は山にこもってリゾートバイトしてるんだよ～！」っていう感じで、みんなすっごく楽しそうに生きていて。

「レールから外れたっていいんだ。オワリってわけじゃないんだ」と気づきました。

それに、自分は耳が聞こえないことで人よりも苦労してきたと思っていたけど、私よりももっと大変な思いをして生きてきた人たちも実はたくさんいました。

親が家を出ていって小学生のころからきょうだい2人だけで生活していた人とか、自分以外のきょうだいに障害がある人とか、中には高校を卒業してからずっとワーキングホリデーに行っていたという人も。

いろいろなことがあっても、今はこうして笑い合って楽しくお酒を飲んで、一緒にスノボを楽しめている。柔軟性があって、たくましく、そして優しい人たちが多かったです。

人生のレールは1つじゃない。いろんな生き方があるし、失敗したってやり直すことができるんだなあ～、と心から理解した20歳でした。

30歳を過ぎても山ごもりをしている人もたくさんいて、命さえあれば、どんなふうにだって、好きなように生きられると思えたことで、がらっと人生観が変わりました。

生きる力に満ち溢れた人との出会いが財産

だからなのか、みんなに私が聞こえないことを言っても、

「あ、そうなんや。どうやってしゃべったらいいかわからんから、教えて」

「言ってることわからなかったら、言ってね！」

と、特に動じることなく受け止めてくれました。


例えば、スノボをする時はフェイスマスクをするので、口が隠れてしまうことが多いんです。さらに目もゴーグルで隠れて、顔全体が見えないことは、私にとっては本当につらくて！

私が、「寒いところ、ごめーん！　口見えへんからフェイスマスク外してくれる？」と言うと、「ほんまやー」と言ってパッと外し、「次からリフトじゃなくてゴンドラに

したらしゃべれるんちゃう？」と提案してくれるような人ばかりでした。

お酒を飲んだ帰り道、「真っ暗で何を言ってるかわからないんよ～」と言ったら、ケータイのライトで顔を照らしてくれたり。


それまでは、聞こえないことでネガティブな対応をされることもあった中、「聞こえない場面でどんどん困ることを伝えても、当たり前のように受け入れてくれる人」に囲まれた山ごもりは、私にとって最高の3カ月でした。

細やかな気遣いをするというのとも違うし、気が利くというのとも違う。でも、すごく居心地のいい人たちでした。


そして、生きる力に満ち溢れている人たち。

彼らに出会って共に過ごせたことは、大きな財産になりました。

スノボが好きになったのは、彼らとの出会いがあったからです。

こういう人たちともっと一緒にいたい、楽しい時間を共有したい、いろんな経験を分かち合いたい、と思ったからこそなのです（滑っている時間より、みんなで飲んでいた時間の方が長かったのは内緒）。

バイトの面接で落ちまくり、さすがにへこんだ

大学に入って一番の目標だったのが、長期の海外旅行。北米、ヨーロッパなど日本から遠い国を、長期で巡りたかったのです。

これだけの海外に行くには、先立つものが必要ですよね。そう、お金です。そのために、アルバイトを始めよう！　と思った私。

バイトをするからには、聞こえないことをオープンにしないといけない。初めて履歴書を出して、地元にあるハンバーガーのチェーン店に面接に行った時、「耳が聞こえないんです」と伝えました。

ただ、面接では口を読んでスムーズに会話ができていたので、面接官はちょっと聞こえにくい程度だと思ったらしく、「どのくらい聞こえないの？」と聞かれました。

「まったく聞こえません」

「電話の声は聞こえる？」

「電話はできないんです」

「……うちはちょっと厳しいかな〜」

お店では、商品の出来上がりを音で知らせたり、揚げ物があったりするので、聞こえないと事故やケガにつながるかもしれない、と断られてしまいました。しかも1つだけじゃなく、複数の店舗で落ちました。

このお店って聴覚障害者に優しいって聞いていたのに、全然面接受からないじゃん！ と思い、他の居酒屋やカフェなども応募してみたのですが、お客さんと1対1の会話はできたとしても、スタッフに呼ばれたりインカムで指示を出されたりするとわからないという点が問題で、結局、全部のバイトに落ちてしまいました。

今考えれば、飲食店のバックヤードでの食器洗いなら受かったのかもしれないのですが、自分がやってみたい仕事と、聴覚障害者ができる仕事がマッチしていなかったんですよね。どのアルバイトも落ち続け、どんどん不安がふくらんでいきました。

工夫や努力をしても、できないことはある

それまでも、聞こえないことによるハードルはいくつもありました。そのたびに、方法を工夫したり人の助けを借りたりして、なんとかクリアしてきました。

勉強だって、授業は聞こえなかったけれど、テストで結果を出せばいい。大学だって、しっかり単位が取れるようにレポートを出すなりして努力すればいい。
ですが、アルバイトは違いました。工夫や努力ではどうにもならないことがある——。そのことを実感しました。

特に飲食店のアルバイトは、複数の人たちとコミュニケーションを取りながらやっていかなきゃならないんですよね。

スタッフからの指示やアドバイスを受けながら、お客さんとコミュニケーションをするのが主な仕事だから。

今ではアルバイトの業務範囲も広くなっていると思いますが、当時は電話を受ける、接客をするといったことが大半でした。聞こえない私にとって、ハードルの高いことが主だったんです。

一方で就職となると、障害者採用もありますし、長期間働くからこそ聞こえのサポートも求めやすいし、仕事に慣れれば自分で判断できることも増えてくる。何より〝専門性があり、求められる仕事〟ができればニーズはある。

でも、コミュニケーション中心の短期間のアルバイトでは、こちらが組織のやり方に合わせないといけません。

この経験と学びは、後に起業して、聴覚障害者が働きやすい職場をサポートするコンサルティングの時に役立ちました。

そんな私も、最終的に2つのバイトを経験することができました。

1つは家庭教師。子どもとの相性もよかったし、相手先の家庭でもとてもよくしていただきました。1対1の会話ならあまり問題はないし、教えるのって楽しいなと知りました。

もう1つは個人経営のパン屋さん。オーナーがとても理解のある方で、長期でバイトを休んで海外旅行に行くのも理解してくれました。

「できない」経験をたくさんしたアルバイト探しは、ショックなことの方が多かったけれど、社会のあり方や、障害者の現状を学ぶ、よいきっかけになりました。

聞こえないのに海外旅行!?

大学2年生の夏休みに友人と行ったタイ旅行に始まり、大学3年生の夏には1人でアメリカ、メキシコ、カナダに3カ月、大学4年生の春には1人でヨーロッパに1カ月滞在し、現地で幼馴染と会うという流れで、とにかくたくさんの国を回りました。今でも、初めて1人で海外に行く日の、あの緊張感は忘れられません。

1人で海外に行くと言ったら、「ただでさえ耳が聞こえない上に、英語もできないのに、どうやってやっていくつもりなん～！」と両親に大反対されましたし、私自身も、楽しそう！ という思いと同じくらい「大丈夫かな……？ 何かあったらどうしよう」と不安に思う気持ちがありました。

不安と楽しみがないまぜな中、勇気を出して飛び込んだ、3カ月にわたるアメリカ、メキシコ、カナダの一人旅でした。

入国審査では「Sightseeing! I'm deaf. So would you write on paper what you say?（観光です！　耳が聞こえないので紙に書いてもらえますか？）」だけ紙に書いていって、筆談と帰りの航空券を見せることでなんとか無事クリア！

最初に入国したアトランタで、空港からダウンタウンに向かった瞬間に出会ったのが、警察官にホールドアップさせられて銃を突きつけられている人（たぶん、犯罪者）でした。

それも交差点で！

「ぎょえーーー！　いきなり！　怖い!!」とビビり倒したり、陸路でメキシコに行くバスの中で財布やカメラをすられそうになったり、はたまた帰りのバスに置いていかれたり、テキーラを飲みすぎて記憶をなくしたり……と、とにかくいろいろなトラブルに見舞われつつも、なんとか無事に日本に帰国！

この時の経験も、自分の人生において大きな影響を及ぼしています。

ドキドキ…
I'm deaf. So…
PASS PORT

BRRRoo…
まって〜！

STOP!
ギョッ

AHAHA
グテ〜

「買い物に行っても買いたいものが買えなかったらどうしよう。餓死しちゃう?」とか、メキシコのバスに置いていかれた時は「一生日本に帰れなかったらどうしよう……」「もし、お金を盗まれたらどうやって日本に帰ったらいいの……?」といった不安も、実際に一歩踏み出してみたら案外なんとかなったし、未知のトラブルに筆談を交えながらも、どうにか対処できた自分に、「やってみたらなんとかなる」という自信がつきました。

耳が聞こえずことばが通じない中で生活をした不安に比べたら、日本でどんなトラブルが起きても「日本語だし、書けばわかるし、ほんと聞こえないっていうだけで、なんも心配いらないや～ん!」と思えるようになりました。

この原体験が、〝挑戦〟のハードルを下げてくれたことは間違いありません。

第1志望のソニーに就職！　待望の一人暮らしのはずが……

私の大学生時代は、3年生の秋から就活が始まり、4年生になった春くらいから夏にかけて内定をもらうという動き方でした。

まずエントリーシートや面接でよく聞かれたのは、「これまでの人生の中でもっとも落ち込んだことと、それをどう乗り越えたか」。

友だちは「そんなに大した経験してないしなあ」なんて言っていましたが、私にはそういったエピソードは山ほどあります。逆にどれを書くか悩むくらい。国際的な企業では聞こえない私の海外一人旅の話、体育会系の企業では山ごもりや部活で苦労した話など、エピソードを使い分けていました。

面接では、「聞こえない中でこういうしんどい思いをしたこともあるけれど、それにどう対処したか」ということを中心に話しました。どの面接官も社交的で、話が盛り上がりました。

例えば、バックパッカーとして海外に行っていたことを書いたら、面接で「聞こえない中、どうやって英語でコミュニケーションを取ったの?」なんてすごく興味を持ってもらえて、会話につながりました。

就活をしてみてわかったのは、「人と違うこと」は強みになるということ。

聞こえないというハンデは、就職ではむしろ強みにできること。

聞こえないからこそ表情から人の感情を推し量ることができるようになったとか、何件も断られたけど頑張ってバイト先を見つけたとか。人よりできないことが多いからこそ、やりぬく力と行動力が身についたことなど、さまざまなことをアピールできました。

障害があると、就活の場面でも採用は難しいと思われがち。ですが、伝え方次第で、障害によって得た経験がプラスになることもあると思うんです。

子どものころから学生時代にかけては、聞こえないことで大変な思いやつらい経験をたくさんしてきましたが、就活の時に、人生は長い目で見るとマイナスだと思っていた障害もプラスに変えられる時が来るんだなあと実感しました。

生活の音って隣の家に聞こえるの⁉

就職が決まって、初めて待望の一人暮らし！　本当にうれしくて。

ある日、いつものように友人と飲みに行って、終電で深夜1時くらいに帰ってきたんです。ゆっくりお風呂に入って、洗濯機を回し、洗濯物を干して就寝。

翌朝会社に行くと、隣の部屋に住む同期から、「ユカちゃん、昨日も帰り遅かったでしょ？」と言われました。

……ええっ⁉　なんでわかったの⁉

どうやら洗濯機の音が聞こえていたみたいで。

「洗濯機の音って、隣の部屋に聞こえるんだ！　ちょっと待って！　じゃあ夜中に掃除機かけてたのも、聞こえてたの⁉」

生まれて初めて知りました。

すぐに実家の母に、「お母さん、なんで教えてくれなかったの！　夜中に洗濯機とか掃除機使ったら、隣に音が響いちゃうって！」と言ったら、「ええ⁉　そんなの常識でしょ。お母さんは一度も夜中にやったことないやん」と。

「あ、そっか……（母は専業主婦だったし、昼間に家事をやってたんですよね）」

実家は戸建てだったので、隣や上下階の人への音漏れなどを気にしたことがなかったし、そもそも生活の音で、人に迷惑をかけるという発想がなかった。

そう思ったら、「テレビの音は隣に聞こえてるの？」「足音はどれくらい響いてるの？」といろいろ気になって、逆にどこまで音を出していいのか心配になりました。

隣に住む同期は、気心の知れた仲だったので、音について根掘り葉掘り聞いたっけ。

「音が漏れるって知らんかってん。例えば、どんな音が聞こえるん？」

「夜とか静かな時は、洗濯機や掃除機なんかは聞こえるかな。テレビの音はそんなに大音量でなければ聞こえないけど、みんなで集まってワイワイしゃべってる声は聞こえる時もあるかも」

「壁をはさんだら、隣には音がしないもんだと思ってたわ〜！」

それからは、私の部屋で飲み会をやる時は、前もって隣の子に「今日、飲み会やるからうるさいかも。ごめんね」と言うようになりました。

いろんな経験をしてきたつもりでしたが、音に関してはわからないことだらけ。

音って生活する上でどこでもついて回るんだなあ……！　と、大切なことに気がついた初めての一人暮らしでした。

聞こえないことをちょこちょこみんなに伝える

第1志望で入ったソニーでは、人事がやりたい！　と伝え、希望通り人事部に配属されました。ソニーは社員の方々におもしろそうな人が多くて、そんな社員さんに関わることができそうな人事の仕事に興味があったのです。

でも実際は、人事といっても労務中心の配属だったので、意外と社員の方と関わることはありませんでした。笑

聴覚障害は、見た目にわかりにくい障害です。補聴器をつけていても、髪が長ければほとんど見えないですし、見た目は聞こえる人と変わりません。

新入社員のころ、自分のことを話す場面では、

「耳が聞こえないので、口を見てしゃべっていますす。声をかけられても気づかないので、肩を叩いたり前からしゃべっていただけると助かります」

と言うようにして、初対面の人には、なるべく会話のどこかで聞こえないことを盛

り込むようにしました。

ちなみに、仕事場で聞こえないことを伝えるのもコツが必要です。初めに聞こえないことを伝えても、細かい困りごとって伝えられないんですよね。あまり記憶に残らなかったりしますし。

なので、私は、日々の仕事の中でできないことや苦手なことをちょこちょこ言うようにしました。

実は、この〝ちょこちょこ〟というのがポイント！　一気に言うと相手は忘れてしまうんですよね。

例えば、エレベーターで一緒になった時に「さっきの会議室、広すぎて口が読みにくかったです～！」と雑談として話したり、ミーティングが終わった後に「私、暗いところだと口が読みにくいので、次から真っ暗じゃなくて少し明るくしておいてほしいです！」というふうに、困ったことがあれば、そのすぐ後にサラッと話すようにしていました。

そうすると覚えてもらいやすかったですし、周りの方に私の聞こえや困りごとが浸透しやすかったなと思っています。

もう1つ気をつけたのは、調べてもわからないことや、言っていることがわからなかった時に、わかったふりをしないで必ず先輩に聞くこと。意外とビジネス用語や業界用語的な知らないことばがたくさんあり、わかったふりをしないというのは徹底していました。


ついついわかったふりをしてしまうこともあると思うのですが、聞こえない私がわかったふりをすると、「聞こえないから適当に返事をしているんだろうな」と思われて、信用をなくすような気がしたんです。

適当に返事をせず、わからなかったらしっかり聞き直すようにし、聞き逃したことは後からでも「あの時の話なんですが……」と聞くように心がけました。

自分のできることを、みんなに役立つ形で

仕事をする上で、耳が聞こえないがゆえにできないことって、正直たくさんあります。だからといって「私は聞こえないので、この仕事も、あの仕事もできません」と

できないことを並べ立てると、相手としては仕事を振りづらいですし、期待もしにくくなってしまいますよね。

ですから、どうしても無理なこと以外、基本的には「どうやったらできるか?」ということを中心に考えながら、頼まれた仕事をしっかりこなすことを意識していました。

私にとって、聞こえる人と対等な成果、むしろそれ以上の成果を出すというのが、目標だったんです。

ソニーでは、若手社員でも裁量の大きい仕事を任せてもらえるのですが、上司次第というところもあって。理解のある上司の時は、いろいろな仕事に挑戦させてもらえて、本当に楽しく仕事をさせていただき成長させてもらった半面、理解のない上司の時は、あまり任せていただけなかったりと、悔しい思いをしたこともあります。

例えば、私は電話応対をすることができません。当時のソニーはまだ電話応対が多かったのですが、電話って、新入社員が取らないといけない雰囲気があったりするじゃないですか?

部署のメンバーは私の聞こえについて知っているけれど、電話が鳴っているのに取らない（取れない）のって、端から見たら「あの子なんで取らないの？」というふうになってしまいますよね。

だから、私のデスクからは電話機をなくしてくれました。

そして、電話応対を免除してもらった分、私に何かできることはないかなと考えて、電話を社内のチャットやメールで代替するフローを新しく作成しました。その結果、業務の効率化につながり、それを評価してもらうことができました。

電話するほどでもないような話を、チャットで気軽にやりとりできるようになったのは、現場の管理職の方からかなり好評で、たまにお声がけをいただくこともあり、自信にもつながりました。

こんなふうに、聞こえないからこその視点で、みんなにとってプラスになることを生み出すように心がけていた会社員生活だったかもしれません。

聞こえない新入社員がやらかした珍事件の数々

前項では「みんなにとってのプラスを生み出す」なんてカッコいい話をしましたが、実は、〝やらかした〟ことも数知れず……。

仕事中に考えごとをしている時に、ノック式のボールペンをカチカチやってたんです。同じ部署の人たちは私が聞こえないことを知っているし、普段私の出す音に対してマナー的によくないことははっきり教えてくれるものの、この件に関してはおそらく、「単なる癖かな？」という感じでスルーされていました。

すると突然、２つ隣の部署の人から、「前から気になってたんだけど、ボールペンをカチカチッてするの、やめてくれません？」と注意されました。すぐ謝らないといけないのに、私は驚きのあまり、謝るより先に感想が出てしまいました。

「ええっ？　ボールペンって音するんや！　こんな小さいのに！」と。

慌てて先輩が「うるさかったですよね、すみません！　この子、耳が聞こえないんです」と謝ってくれて、私も「すみません！　音がするって知らなくて。今後気をつけます」と謝り、一件落着。

私と面識のある人は知っていると思うのですが、私ってめっちゃ声が大きいんですよね。ボリュームの調整が苦手で、テンションが上がるとさらに声が大きくなるので、今でも注意されています。

会社では、私の部署の1つ上の階が役員フロアだったんですが、ある時、同期から「ねぇねぇ、ユカコの笑い声、役員フロアまで聞こえてるでｗｗｗ」と言われました。「うっそー、マジで！！　上の階に私のアホみたいな会話が聞こえてるってこと？」「会話の内容はわからない時もあるけど、笑い声はマジで聞こえる！　ユカコってわかる！」

と言われ、そこからちょっと自重するようになりました（でもテンションが上がると難しい……）。

声の失敗で言えば、研修会や会議でマイクを使って話をすることがあったのですが、話し終わった時にマイクのスイッチを切り忘れていて、

「ああ、めっちゃ緊張したー!」

と言った声が全員に聞こえて笑われたり。でも、その失敗に気づくのは「マイクのスイッチ、切れてないよ!」と教えてもらってから。

それ以外にも、会議室のドアをノックした時って、向こうからの返事は聞こえないんです。大体「いいよ〜!」と言われるので、いつもの癖で3秒待って開けたら、「ダメダメ!」と押し出されたことも。

この時、向こうからは「ちょっと待ってください」と言われたのに聞こえなくて、「失礼しまーす」って開けてたんですよね。

会社の雰囲気がよかったことや、周りのメンバーの理解があったおかげで私の〝やらかし〟も笑ってもらえて、「ユカコっぽいな〜」とキャラもあって許してもらえましたが、こうやって書き出すといろいろやらかしていますね。

「暗黙の了解」がわからない

会社では、聞こえないことはオープンにしていましたし、口を読んでしゃべっていることも日常的に関わる人たちは全員知っていました。

聞こえないことについての配慮はしてもらっていましたが、細かい情報が私に届いていないということまでは、周りも理解していなかったと思います。

ある時、私が入っているプロジェクトの内容について、同僚と上司が目の前で会話をしていました。私はパソコンに向かって仕事をしていて、2人が話している様子は見ていましたが、パソコンに向かっていると口が見えないので、どんなことを話しているかなど、内容まではわかりません。

数日後、「このあいだ話していた件だけどさ」と上司に言われて、「えっ？ なんの話ですか？」とまったくもって話が見えていない私。「えっ！ 聞いてなかったの⁉」と驚かれました。

上司は、耳が聞こえないことは知っているけれど、普段こうして普通に会話をしていることもあって、同じ場所にいても私には情報がまったく入っていないことがある、とは気づかなかったみたいです。

私は「何かをしながら聞くこと」ができないので、「作業の手を止めて口を見ないと、相手が言っていることを理解できない」のですが、相手はつい聞こえる人の感覚で、「聞こえているだろうな」と思ってしまうんだと気づきました。

カチャ
カチャ
カチャ
カチャ
カチャ

元気だね〜
ワハハハッ
おや

キンチョしたぁ〜
ドッ
フーッ

スル〜

それ以外にも、会社では暗黙の了解ってけっこう多くて。

先に帰る人は、みんなに向かって「お先に失礼します」って言いますよね。私は、自分がパソコンなどで作業をしている時に言われてもまったく気づかないので、その挨拶を知らなかったんです。帰る人も、作業している私の肩をわざわざ叩いて「お先に失礼します」とは言わないですよね。

だから、そういう慣習自体を知らなかった。みんなが無言で帰っていると思っていた私は、それまでずっと無言で帰ってました。

ある日、それに気がついた先輩が、「帰る時は、まだ残っている人に『お先に失礼します』って言って帰るんだよ」と教えてくれて、「あ、みんな挨拶していたんだ！」と知りました。

先ほどのボールペンの話もそうですが、聞こえる人は、音に対するマナーなども経験から自然に認識していると思います。でも、私にとっては知らないことだらけ。みんなにとってはあまりに当たり前すぎて、「教えよう！」ともならないんですよね。

親元を離れて上京して、初めて一人暮らしをした会社員生活は、大変なこともたくさんありましたが、学ぶことも数多くありました。最高の上司や先輩、そして同期にも恵まれて、本当にソニーに入ってよかったと心から感謝しています。

40人のキャンプでベロベロに酔った運命の出会い

私が就職したのは2011年。その年の夏、運命の出会いがありました。
そう、夫と出会ったのです。
運命の出会いといっても、実際はそんなロマンチックなものじゃありません。

大学時代の影響でスノーボードやウェイクボードなど横乗りが好きな私は、就職してすぐ、そういう集まりにも顔を出していました。
そのうちの1人が、ウェイクボードのキャンプに誘ってくれたんです。私も大学時代の友だちを誘って参加してみました。

1泊2日でキャンプしながら、お酒を飲んでウェイクボードもして、という感じで、大勢集まるというのでワクワクしながら向かったところ、全部で40人くらいかな、みんな20〜30代でとにかくおもしろいしノリもいい！

そんな集まりに来るくらいだから社交性がある人ばかりで、会ってすぐに盛り上がりました。私の耳の聞こえも自己紹介の時にしっかり伝えましたが、「え～、どうやって口読んでるの⁉」「なんでしゃべれるの！　おもろいやん！」と楽しんで聞いてくれる人ばかり。

日が落ちて暗くなると、みんなの口が読めなくなりました。「こんな暗いと口が見えないから、何を言ってるかわからない～！」と言ったら、誰かが「ユカコ、このヘッドライト頭につければいいじゃん！」と。私としゃべる相手はヘッドライトで照らされて、「ちょ！　まぶしい‼」と言いながらワイワイ話してくれました。

住み慣れた大阪を離れて東京に来ても、こんなふうに聞こえないことをさらっと受け入れてくれる人たちに囲まれて楽しい日でした。

そして、夜になってみんなが酔っ払って盛り上がってるころ、「飲み足りなくない～⁇」とワインボトルを2本持って私と友人の前に現れた男性。「お酒飲めるっしょ？　これ全部飲んで‼」とワインボトルごと飲まされた私と友人。

それが初めての夫との会話でした。そしてワインを3人で飲んで。あまり褒められたことじゃないのですが、もう、この日はとにかく飲みまくりました。友人も私もお酒は比較的飲める方だったのでガッツリ飲んで。「お酒めっちゃ飲ませる人やん！」というのが第一印象でした。

夫いわく、私の第一印象は、

「聞こえないのにしゃべれるすごさ以上に、帽子と服がダサかった。いや、今思い返してもどんな服を着ていたかはっきり思い出せるくらいダサすぎた！」

という感じだったらしい。

そんなダサかったかなあ……？

もともと、夫と夫の友人が幹事となって始めたキャンプでした。夫は、その友人（＝私を誘った人でもある）から、「耳が聞こえないけど、口を読んでしゃべれる子が来るよ！」と言われていたそうですが、「聞こえないけどしゃべれるってどういうこと？　へー、おもしろそう」と、楽しみにしていたそうです。

それなのに、ファーストコンタクトはワインボトルをサクッと一気飲みって、どういうことなん？

相手が喜ぶことを汲み取って行動できる人

初日はめちゃくちゃ酔っ払っていて、とにかくみんなに飲ませたがる人……という認識しかなかったのですが、そんな人が、細かいところに気づくタイプなんやな〜！と知ったのは翌日。

みんなでウェイクボードをしたりキャンプを楽しんでいる中で、ポツンとしている人がいたらナチュラルに声をかけに行ったり、二日酔いでしんどそうな子がいたらお水を持っていったり。

そういう気の遣い方が自然で、無理がない。わざわざやっているわけではなく、当たり前に日常的にやっているんだろうなあと感じられて、すごく素敵な人だな〜って思ったんです。視野が広くて、コミュニケーション能力が高いところに惹《ひ》かれました。

聞こえない私に口を見せてしゃべることもさりげなくしてくれたり、わかっていなさそうだなと思ったらもう一度同じことを話してくれたりして、会ってすぐこういうことができる人ってなかなかいないので感動。

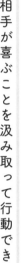

唯一の難点は、夫は口が読みにくいタイプの人だったこと。私自身、生まれてから今までずっと人の口を見て話していますが、どうしても読みにくいタイプの人が一定数いるんです。

夫はヒゲを生やしていましたし、ちょっと口の中でモゴッと話す人だったので、余計にわかりにくかった。

キャンプの時、何回も聞き返した記憶があります。それでも面倒な顔をせずに私がわかるまで言い直してくれたりして、それもいい人だなと思ったポイントでした。

ちなみに、今でも夫は口が読みにくい人の部類に入ります。実は読みにくい口の人が読みやすくなるということはほとんどないんです。

とはいえもう10年以上一緒にいるので、さすがに夫の口は読めるようになりました！　なんなら、バイクの後ろに乗っている時、口は見えなくても頬の動きだけでも言っていることがわかるくらい。

ぶっちゃけ、口を見ていなくても何を話すか想像がつくようになりました。

これぞ夫婦の力ですね！

生まれて初めて自分からアタックしまくった

耳が聞こえない私は、恋愛だけはどうしても臆病になってしまいがちで、それまでは相手から告白されないと付き合えなかったんです。

でも、夫にはなんかビビッときたのもあって、初めて自分から猛アタックしました。けっこう勇気が必要で、一緒にキャンプに行った大学時代の友人にめちゃくちゃ相談していました。

この人だな！　って思っていたし、もし「好き！」って言ってダメだったとしても、そのキャンプはプライベートの集まりだから毎日会うこともないし、その後で気まずくなることもないかなと思って。むしろ、いかなきゃ後悔すると思って、とにかくめっちゃアタックして、毎日チャットしたり。

夫は、初めのころはなんとも思っていなかったみたいですが、あまりに私がぐいぐいいくので、最終的には根負けしたんだと思います。

夏に出会い、秋に付き合い始めました。

私が聞こえないことについては、

「気にするかしないかと言われれば、もちろん気にはする。ゼロではないけど、別にそれがすべてでもないかな。聞こえないこともひっくるめて、いろんなことを総合した時に、自分が好きだなとかいいなって思えばいいんじゃない？　聞こえていても性格が悪いとかだったら、聞こえなくて性格がいい方がいいし」

と言っていました。

初めから、聞こえないことをマイナスに捉えるわけではなく、かといってそれを取り繕《つくろ》って「聞こえないところって自分らしさじゃん！」とプラスに言い換えることもなく、いつもフラットでした。誰だって、できないことや足りないところはあるし、という感じで。

そのフラットさがとても心地よかったです。

私はけっこう自由に行動していて、海外に行ったりボードに行ったりやりたいことをやるのですが、夫はまったく動じず「行ってらっしゃ〜い！」と。とはいえ、実は夫もだいぶ破天荒で、私以上に自由な生活をしていて、「えええっ！！」と突っ込みたくなることもたくさんありました。お互いが自由にやりたいことをやっているカップルですね。

できない自分をさらけ出すことができた相手

高校生のころ、自分のできないことを彼氏に知られたくなかったように、夫にも初めのうちは言っていないことや無理して頑張っていることもありました。でも、一緒にいるうちにわかってくることってたくさんありますよね。

例えば、暗いお店だと口が読みにくいということ。夫はデートでおしゃれなお店に行くのが好きで、チョイスしてくるお店は店内がすごく暗くて、スポットライトがあるだけだったり、キャンドルが灯されていたり。

実は、読唇とキャンドルって相性が悪いんです。炎がゆらゆら揺れて影も揺れるから、口が読みにくい。

最初のころは頑張って読んでいたけれど、「いや〜、やっぱり言わなあかんなあ」と意を決して、「私こういう店だと口が見えないんだよね！」と言うと、「だろうなあって思った。他にもあったら言ってね」と。

夫も一緒に過ごしているうちに、「ユカコ、この店だと口読みづらいかな？」と気にしながらお店を選んでくれるようになりましたが、だからといって我慢することもなく、「口読みにくいかもだけど、この店行ってみたいんだよね」と行きたい気持ちを優先させる時もあれば、私に合わせる時もありました。

気負わず自分のできない部分をさらけ出すことができるって、こんなに楽なんだ！と、夫と付き合って初めて気がつきました。

それでも、ずっと恋愛に対してはコンプレックスがあった私。結婚してからも、「どうして聞こえない私と結婚してくれたの？」と聞いていました。

夫は「俺がいいと思ってるんだから、気にしなくていいんじゃない」と言ってくれましたが、それでも不安はぬぐえなくて。

一緒に過ごす時間が長くなればなるほど、やっぱりできないことが増えてきて、自分のマイナス面が目立つように感じました。

電話ができないのはもちろんですが、インターホンに気づかなくて宅配便が受け取れなかったこともあるし、壁越しの会話や、台所にいる夫とソファーに座っている私との会話は難しい。

いちいち口の見える場所まで移動しないといけなかったりして、「聞こえる人だったらこんなことなくて、楽だったんだろうなあ」と思うことも。

夫から、聞こえないことを理由に責められたことは一度もないけれど、私がどうしても気にしちゃうんですよね。

付き合ってしばらくは、逆に細かいことが気になっていました。

「本当に、聞こえない私と付き合ってよかったの⁉」と、ついネガティブモードで聞いてしまい、そのたびに夫は辛抱強く「聞こえないとかそんな気にしなくていいって。普通に幸せだけどな！」と言い続けてくれて、少しずつ不安が解消されていきました。

そうそう、洗濯機が終わった音が聞こえなくて何時間もそのままにすることがよくあって、それを「聞こえないから！」と思っている私ですが、この件に関しては夫に「聞こえないからじゃなくて、単純に忘れっぽい性格の方がでかいと思う！」と一刀両断されました。

好きになった人は自分の母親に似ていた

結婚したのは23歳。今考えると、比較的早い方だった気がします。社会人1年目で付き合って、2年目になってすぐ結婚したので、周りには驚かれました。

早く結婚したかったというわけではなく、「彼だから結婚したい」と思っていました。キャンプやボード、旅行が好きといった趣味も同じだし、やりたいことも似ているし、話も合うし、とにかく楽しい毎日だったんですよね。


私の親に結婚の挨拶をしに行く時、私はいろんな意味で緊張していました。

実は、出会った時の夫はニートで、仕事もけっこうコロコロ変わっていました。

さすがに結婚する時には仕事してましたが！　笑
おまけに見た目はチャラいし、両親は夫のことどう思うかな？　と、始まる前からハラハラドキドキ。

実際に挨拶したら、案外すんなり受け入れてもらえました。夫と父がお酒を飲みながら、和気藹々《あいあい》とした食事会になりました。

後から、

「最初はチャラい感じがするし、軽い感じだから、ユカコの聞こえのことも本当の意味でわかってるのかな？　なんて気になったけど、話をしたらちゃんとしてる子だったし、ユカコが聞こえないことも自然に受け止めてて、すごいいいやん！　と思った」

と言っていました。

夫と父は、一緒にジムに行ったりお酒を飲んだりしていて、父は本当の息子のように夫をかわいがっています。母も、夫と夜中3時くらいまで盛り上がってしゃべり倒していることもあるくらい。私がいなくても、夫は私の実家に寝泊まりしています。

そうそう、夫と母ってすごく似ているんです。人への気遣いの仕方とか、それを特別なことと思わずにできるところとか。娘は父に似る人と結婚すると言うけれど、私は母に似た人と結婚したような気がします。


私の両親への挨拶が終われば、次は夫のお母さんへの挨拶。本当に大丈夫？　というのが本音でした。

夫は、私と付き合い始めたころ、自分の母親に「今の彼女、耳が聞こえないんだよね」という話をしたそうです。

「そうなんだ。どういうふうに話せばいいの？」と聞かれて、「口を読むし、普通に話せばいいよ～って言っといた！」って。

それを聞いた私は、「え？ それだけ？ ちょっと待って、本当はもっとあったでしょ⁉ 聞こえないことを気にしてるんじゃない？」と何度も聞きました。

「いやいや、ほんとにそれだけだって！ わかった！ って言ってたよ」

「ええ～⁉ 聞こえない彼女だと困るとか、どれくらい聞こえないの？ とか、そういうのはないの⁉」

「別になかったけどな～」

「聞きたかったけど、聞けなかったとか？」

「いや、うちの親って本当に気にしてないと思う。そういう人なんだよ！」

の繰り返し。いくら夫が大丈夫と言ってくれても、そんなことある⁉ とにわかには信じられませんでした。

でも、実際お会いしたら、夫の言う通り本当に聞こえないことを気にしていなくて。

「むしろうちの息子でいいの？ 息子はやりたい放題だから、もらってもらえるなんて大歓迎よ！」と。

「こんな息子と結婚してくれて、ありがとう！　ケンカしたら愚痴はなんでも聞くけど、返品は不可だからね！　よろしくね！」

と笑いながら言ってもらって、すごくうれしかったのを覚えています。

義母は、本当に聞こえのことを気にしないでくれて、息子の結婚相手に障害があっても気にしない人っているの〜〜!?　と認識を改めました。

夫と出会い、付き合い、結婚を通して、私自身の〝聞こえない〟ことに対するコンプレックスが少しずつ溶けていきました。

〝気を遣わせないような気遣い〟ができる

私の周りにいる友だち、子どものころからの友だちや学生時代から仲のいい人たちは、相手に気を遣わせず、さりげない気の遣い方をする人が多いんです。しかもおもしろいのが、海外で暮らしたことのある友人が多いこと。

最近気がついたのですが、海外で暮らしたことのある人って、一度は言語で大変な思いをしているから、聞こえない私が会話に入れていない場面にパッと気がついたり、しんどさを理解してくれるのかなあって。

ちなみに、どういった場面で気遣いをしてくれるのかと言うと、例えば私は夜道がすごい苦手です。どうしても口が読みにくくて、街灯がないと何を言っているのかわからない時も多々あります。


飲み会の帰り、薄暗い道でみんなが雑談をしていて、私が、

「わからないなあ……」

と思っている時に、

「ユカコが口が見えなくなるから、明るいところに行こうよ」

ではなく、

「私、ちょっと水を買いたいから、コンビニ行こうよ」

と言ってくれたり（コンビニだと明るくて見えるから）。

相手に気を遣わせず、かつ自分にとってもストレスにならない伝え方のバランスがすごいなあ、と。


夫にも似たようなところがあって。逆光でまぶしくて口が見えない時に、私を順光

に立たせるように立つ位置をパッと変わったり、みんなでワイワイ話していて「あ、ユカコが会話についていけていないな！」と気づいた時は、その子が言ったことばをまとめながら自分の意見を言ったりすることがあります。

そうしてくれると、「口が見えない」とか「わからない」と自分から言わなくていいので、助かります。

もちろん、私もそれに甘えるばかりではなく、視野を広く持って、さりげない気遣いができる人間でありたいなと思っています。

CHAPTER 4

第4章

聞こえないこと以上に苦しかった子育て

妊娠8カ月目のエコー検査で初めて言われたこと

実は私、妊娠に気づくのが遅かったんです。

結婚して約1年が経ったある日、歯医者で「そろそろ親知らずを抜かないと」と言われました。抜く前に、「ちなみに、妊娠してませんよね？」と先生。

「抜歯後に腫れたり痛みが出たりしたら、痛み止めや抗生剤を飲むことになるから、念のための確認です」とのこと。

結婚していたにもかかわらず、そう言われて初めて妊娠のことに思い至りました。

「さすがにしてないと思うけどな〜。でも、そういえば生理が来ていないかも」と言いながら、一応妊娠検査薬を買って使ってみたら……。

「えっ？　陽性??　これ陽性だよね⁉」

その時は、うれしいよりもビックリが勝《まさ》っていて、とにかく急いで産婦人科へ。

すると、まさかのすでに妊娠4カ月であることが判明。

「えー‼　ホントに、今までまったく気づかなかったの？　生理来なかったでしょ⁉」

（もともと、生理不順でした）。

と、産婦人科の先生にはあきれられるやら怒られるやら。いきなりの妊娠判明だったので、病院探しや出産への準備でバタバタの日々が続き、エコーで写真を見た時にようやく「赤ちゃん、いるんだなあ〜」と実感できました。

その後（序章にも書きましたが）、8カ月目に入ったころに「赤ちゃんに何かあるかも」と言われ、急遽《きゅうきょ》大学病院に転院。

その病院は当時の家から遠く、車で40分くらいはかかります。電車やバスを使わないと行けない場所で、当時運転免許のなかった私は、緊急事態になったらタクシーで向かうしかありません。

そこで、はたと思い至りました。電話でタクシーを呼べないやん！と。

「もし、家に1人でいる時に陣痛が来たらどうしよう」

不安が募りました。それだけじゃなく、ただでさえ耳が聞こえない私。子どもを産むことも、育てることも不安なのに、まさかの子どもに何かあるかもしれないと言われ、落ち込む毎日でした。

みんなが幸せそうに過ごしている妊娠期間は、私にとっては全然楽しくなくて。

ベビー用品の買い物にも行く気分になれないし、気持ちが沈むばかり。

その上、精密検査で入院した時も子どもに何かあるかどうかは「五分五分」と言われていましたし、心配の尽きない妊婦生活。私としては、とにかく、何事もなく生まれてくれるのを祈るばかりでした。

ベテランの助産師さんのおかげで出産は順調！

病院では、聞こえない私に、出産に際してどんなサポートをしたらいいか？　と聞いてくれました。いろいろ考えたのですが、私も出産は初めてですし、どんなことが起こるかよくわからないので、「口を見せて話すのを徹底してもらえたらありがたいです！」と答えました。

大学病院だったので、緊急性の高い妊婦さんを何人も見ているからか、聞こえないこともそれほど心配せず、なんとかなるよ！　というスタンスでした。

「耳が聞こえてても、パニックで言うこと聞いてないお母さんとかたくさんいるんですよ。大丈夫です〜！」

と言われて、「たしかに、そういう方もいそうやなあ」とちょっと安心。

痛みに弱いから、指示を書いた紙を見せられてもパニックで読めないかも……なんて思っていたので、緊張してドキドキはしていましたが、看護師さんや助産師さんたちが、

「ま、なんとかなるんじゃない？」

「聞こえないこととか、気にしなくても大丈夫」

と、どーんと構えていてくださったので、心強かったです。

いざ出産となったら、意外と冷静な自分に驚きました。もちろん痛みはものすごくありましたけど、助産師さんとずっと普通に会話をしてましたし、夫ともなんだかんだ会話して、陣痛の瞬間に「いたたたたたた……」みたいな。

「はい、息を逃して」

「えー！！！　もういきみたいんだけど‼」

「まだダメ〜！　はい！　今‼」という感じで口を見ながら会話もできましたし、お産自体はけっこう順調でした。しかも、病院に着いてすぐ！　生まれました。

お産はいろいろな形があると思うので、心配事をなるべく最小限にできるように、どんなふうにサポートしてもらったら安心できるか、自分にとって意思疎通がしやすい方法を確保しておくのは、安心して出産するためには必要かもしれません。

「育てられないかも」と言った私を支えたことば

長女を産んですぐ見た目でもわかったし、看護師さんとドクターがバタバタした雰囲気で、ちょっと抱っこしたらすぐに別室に連れていかれたので、「あ、この子病気あるな」と感じたんです。

ただ、珍しい病気なので、具体的にどんな病気なのかがなかなかわからなくて。複数の診療科に行って、いろんな診察を受けるための書類に大量にサインをした覚えがあります。

入院中なんて、ずーっと携帯で朝から夜中まで「骨が短い」「低身長」「難病」といろんなことばで検索したりして、げっそりして。正直、出産の喜びなんてなくて、「なんでうちの子なんだろう……」って毎日泣き崩れていました。

育てられるのかな、どんな病気なんだろうか、私たちも子どもの未来もどうなるんだろう……というのがずっと頭にありました。

子どもはＮＩＣＵ（新生児集中治療室）に入院していて、私は先に退院し、ボロボロのメンタルでバスと電車を乗り継いで病院まで母乳を届けに行っていたんですよね。ドーナツクッションを持ってバスに乗って、お股も痛いし、体もしんどいし、精神的にも肉体的にもこんなにつらいことって、これまでもこの先もない気がします。

皆が子どものかわいい写真とかをＳＮＳに上げているのを見て、「なんで私ばっかりこんな苦労があるの！　私にはこの子を育てられない、育てたくない！」とさえ思いました。本当はそんなこと思っちゃいけないって、理性ではわかっているんです。

でも、心から受け入れられる未来が来るなんて思えなかった。

私自身、耳が聞こえなくても、努力したり工夫したりしながら前向きに楽しく過ごせていたのに、どうして私にばっかりこんな試練があるんだろう……。

周りの人たちは耳も聞こえて、苦労もせずに健康な子どもを産んでいて幸せそう。楽しく子どもを育てる、そんな当たり前の幸せすら、自分のもとにはやって来ないのか……。そして、「我が子を育てたくない」って思うなんて、私は人としてありえないのかも……。

人として、母としてだめな人間なんだ……と、絶望の淵にいました。

そんな私を救ったのは、母と夫のことばでした。

夫は、泣きごとを言う私にずっと寄り添ってくれ、

「子どももちろん大事だけど、ユカコのことが何より大事だから、どんな選択をしてもいいよ。一般的に非難される選択だったとしても、俺はそれを最大限尊重するし、一緒に決めよう」

と言ってくれました。

母は、

「その気持ちわかるよ。お母さんまだ元気やしさ、ユカコが育てられへんかったら私が育ててあげる。私、ユカコで障害児2人目やからさ、大丈夫よ。泣いてもいいねん。育てられない、そういうふうに思ったっていいねんよ。そんなふうに思うなんて母親失格とか、自分を責めなくていいねん」

と。


そんなふうに夫と母が私を受け止めてくれ、最悪の時の逃げ場を作ってくれたことで、「やれるところまでやってみよう！」と思えました。こんなことばをかけてくれる2人がいるなんて、めちゃくちゃ恵まれていたと思います。

もしこの時、
「大丈夫！　頑張って！」
とか、
「あなただから大丈夫よ。神様が選んだんだし頑張れるよ！」
と言われていたら、心が折れていたかもしれません。

落ち込んだり前向きになったりの波があった日々ですが、6カ月が過ぎ、1歳を過ぎると、だんだん意思疎通もできるようになりました。すると、我が子がとってもかわいくなってきて、今ではもう目の中に入れても痛くないくらい娘のことを溺愛しています（かなり親バカです）。

でも、あのどん底は、経験した人にしかわからない闇なんだろうなと思っています。

今でこそ、こうやって笑って話していますが、あの時は、自分が笑いながら子育てをしている未来なんてまったく見えず、つらくてつらくてマイナスのループに入る毎日でした。

こういう時の親のメンタルケアをしてくれる場所が、日本にはまだまだ少ないなあと感じています。

障害児・難病児を持った親、みんながみんなその事実をすぐに受け入れられるわけでもないし、綺麗事では済まない現実もあると痛感した出来事でした。

この時の気持ちは、私の人生において一番ショックなことだったと思うし、この先きっと、これよりどん底に感じる出来事は、なかなか、そう起きないいんじゃないかなと思うと、この先どんなことが待ち受けていても、命ある限りなんとかできるな！とも思っています。

先が見えず、してはいけないことだらけで途方に暮れる

当時の私がしんどいと思っていたことの1つに、「どうなるかの見通しが立たないこと」がありました。

結果として長女は50万人に1人と言われる骨の難病だったのですが、あまりに症例が少なすぎて情報がまったくないんですよね……。ネットで調べても論文を見ても、全然出てこない。

「この子は歩くんだろうか？　小学校に行けるようになるのかな？　ことばは話す

の？」といったことから、「知的な面や、運動発達はどうなるの？」という不安。半年先、1年先、5年先、10年先の見通しがまったく立たず、どうなるかわからないというのがつらかったです。

週に3〜4回は病院に通っていて、このままずっと病院通いが続くのかというのも心配で、途方に暮れていました（今となっては、「大丈夫！　8年後にはだいぶ落ち着くから！」と、あのころの私に言ってあげたいです）。

しかも、難病がわかってすぐくらいの時に首の脊髄《せきずい》狭窄《きょうさく》が見つかって、「してはいけないこと」をたくさん言われたんですよね。

「首に、ちょっとでも刺激を与えたら本当に首から下が全部麻痺《まひ》して動かなくなるからね！！！　抱っこをする時もとにかく首に刺激を与えないように本当に気をつけて！　あと、抱っこ紐《ひも》とかだめよ！　首に負担かかるからね」

と。

でも、赤ちゃんってそもそも抱っこすることがほとんどじゃないですか⁉　なのに抱っこする時に首をとにかく気をつけてってどういうこと〜‼　と思いながら、毎日ドキドキして横に抱っこして、神経をすり減らしながら生活していました。

そうそう、1回大事件がありました。

生後3カ月くらいだったかな……。眠くて眠くて、私がソファーに長女を置いたまま、隣で少し寝てしまったんですよね。そのころはまだ寝返りも打てないので安心していたのですが、たまたま上にずりずり行ってしまったのか、ソファーから落ちたんです！

ごん！　という衝撃を感じた瞬間、真っ青になって起きました。

もう、あの時は生きた心地がしませんでした。手や足は動く⁉　目は合う⁉　と確認して、手足が動いたことで「本当によかった……」と。

そして、慌てて病院に連絡。ドクターには「えええ！！！　ソファーから落ちたの⁉　こわっ‼　結果なんともなかったのは奇跡だよ！　次から絶対気をつけてね！」と、めちゃくちゃ怒られたっけ。

そんな長女も生後4カ月で首の手術をして、無事に成功し、ひと安心。

とはいえ、首の骨を削ったので、今でも不安定さは少し残っていますが、日常生活には支障がなくなりました。

これが長女の人生1回目のかなり大きな手術でした。

「お母さん、仕事辞めますか？」「僕が専業主夫になります」

長女は常に病院に通うような状態だったのですが、その合間にみんなと同じように定期検診もありました。

強く記憶にあるのは、6カ月検診の時。他の赤ちゃんもたくさん区役所に来るんですよね。

「みんなの赤ちゃんは健康でいいなあ……」

という思いが、どうしてもぬぐえなくて。

周りの赤ちゃんは寝返りしたり、健康そうなのに、我が子はいろいろ大変……。

それを見るのもつらいし、その事実を突きつけられるのもつらい。

また、周りは遠慮して、長女の病気についても聞いてこないですし、かといって自分から言いまくるのも気を遣わせそうだし。

「検診になんて行きたくない、人に会いたくない」

八方ふさがりのつらさでした。児童館などの人が集まる場所には、一度も行かずに終わりました。

私は育休を取っていたのですが、首の大手術も終え、そろそろ保育園のことや職場復帰を考えたいなと思うタイミングが来ました。

当時住んでいたところはまさに保育園の激戦区。生後すぐに保育園を見学して、生まれた年の秋には願書を出さなくてはいけなかったのです。

そこで、医師に保育園のための診断書を書いてもらえないかと相談しました。

すると、

「お母さん、仕事するんですか⁉」

……えっ？

「この子は、難病があるから、どういう発達をするかわからないし、家で見てあげないと」

……ええっ⁉　保育園はナシなの⁉　私、仕事辞めないといけないの⁉

いろんな思いが頭の中を駆け巡りました。

「えーっと、……そしたら、夫が仕事を辞めます」

と、私の口がつい……。

突然そう言った私に、夫は「ええ！　俺!?」と言いながらも、

「そうですね！　僕が専業主夫になります」

と言い切りました（この時ばかりは、我が夫に改めて惚れ直しました）。

すると先生はあわてて、

「え、旦那さんが仕事を辞めるんですか？　それは大変ですよね。ちょっと別の方法も考えてみましょう」

と、一気に風向きが変わりました。

紆余《うよ》曲折あったのですが、結果的に子どもを通わせたいと思える保育園が見つかり、そこに行かせていただくことができました。長女と次女と8年間お世話になったのですが、先生方には感謝しかありません。その保育園に通えたことは、本当にいい思い出です。

障害者も、障害児・難病児の親も、働きやすい世の中に

当たり前のように母親が仕事を辞めると思われていたことに、驚くと同時に残念な思いをしましたが、昔に比べるとその風潮は変わってきたと感じます。とはいえ、障害児・難病児の母親は育児や療育に専念すべきという考えはまだまだ根強くあるような気がします。

そして、社会のサポートが整っていないことも痛感しています。

また、障害者本人がバリバリ働いて家計を担うことに関しても、理解が得られないことが多いと感じています。

私が立ち上げた「デフサポ」では、親が仕事を辞めずにサポートを受けられるよう

オンライン教育や通信教育を進めていますが、〝世間の目〟に悩む親御さんは多くいます。

デフサポとして、また難病児の親として、そんな空気も少しずつ変えていけたらいいなと思っています。

実は、デフサポとは別に、「株式会社MASS DRIVER（マスドライバー）」というマーケティングの会社を夫と一緒に立ち上げています。

この会社では、オンラインで自由な時間に働くことができるような体制にしているため、障害児や難病児を持った親御さんや、障害当事者も採用しています。シングルマザーもいます。

もちろん、あくまで株式会社なので〝どんなスキルを持っているか？〟が大事ですが、障害者本人や、家族に障害者がいる、いないにかかわらず、できるだけ誰もが働きやすい世の中になるように少しでも貢献していけたらと感じています。

その根底には、私たち夫婦が難病児の親であり、私自身が障害当事者ということがあります。

耳が聞こえない人にとって通院はハードルが高い

私自身、子どものことで数えきれないくらい病院に通っていますが、何度行っても、どこもけっこう大変だな……と痛感しています。聞こえない人にとって、具体的にどういう点が困るのか、ご紹介していきたいと思います。

受付での呼び出し／説明

待合室で受付番号が表示される病院はいいのですが、名前や番号を口頭や放送で呼ぶところもまだまだあります。

もちろん、最初の受け付けの段階で耳が聞こえないことをしっかり伝えるのですが、病院の事務の方もバタバタしているので忘れられてしまうことが多々あります。

私の防衛策としては、自分の前に受け付けをした人と、自分の後に受け付けをした人を覚えておいて、その人たちが呼ばれた後も全然呼ばれない、遅すぎる……という時には、受付に聞きに行きます。

また番号表示があっても、いったん呼ばれて診察室に入って、「もう1回後で呼びますね」という時は口頭で呼ばれることが多く、呼ばれても気づかないことがよくあります。なので、診察室を出る時に、再度聞こえないことを伝えるようにしています。

病院に行くたびに、チラチラ周りを見て「いつ呼ばれるの？」「今呼ばれた？」「あれ、違うか？」と緊張しながら過ごしているので、待合室でゆっくり本を読みながら待つ……なんていうことはできません。

そのため、病院から帰ると、どっと疲れが押し寄せてしまうんですよね……。

診察時の医師との会話

病院ではなかなか難しいことなのですが、私は、マスクをされてしまうと何を言っているのかが全然わかりません。

コロナ前は、問題がなければ医師にマスクを外してもらっていたのですが、場合によっては、聞こえないことを伝えるとよかれと思って、すごく小さい子に話しかけるように「あ・の・ね。お・く・す・り・を・だ・す。だ・か・ら、く・す・り・や・さ・ん・に・よ・っ・て・ね！　わ・か・っ・た？」と言われたり、簡単なことばに言い換えてゆ〜っくり話をされたりします。

すると、聞こえる人に伝えるよりも情報量が一気に少なくなってしまいます。

それに私の場合は、口が見えれば、普通のスピードで話してもらった方がわかりやすいんですよね。配慮には大変感謝しているのですが、私個人としては情報はちゃんと欲しいと思っています。

特に子どものことは、自分のこと以上に詳細までしっかり知りたいし、話の内容は理解できるので、あまりにゆっくり説明されると「いやいや、小さい子じゃないよ……」と、もどかしく思ってしまう。

なので、その都度「普通のスピードで話していただいて大丈夫です。わからなければ聞き返させてください」と伝えています。そうすると、普通に対応してくださいます。

当事者のはずなのに、相手にされていない！

夫は、耳が聞こえます。妊娠中の検診や診察、また子どもの手術・病気についての説明を受ける時は、夫も当事者なのでできる限り一緒に話を聞いています。そんな時、多くの医師が夫の方を向いて話をするのです。

結婚するまで認識していなかったのですが、1対1の時は対等に会話してくれるのに、聞こえる人と一緒にいると私は二の次になってしまうんだなと体感することが増えました。

例えば妊娠中、私の体のことを話しているのに、私にではなく夫に向かって話をされることがけっこうあったんです。9割、夫に向かって話をしていて、たま〜の1割で私をチラッと見るという感じで。

きっと、聞こえない私に伝わっているか不安なこともあって、差別するつもりはなく、無意識に、話が確実に伝わる人に向けて会話をしてしまうんだろうなあと頭では納得できるものの、いざ自分がそうされると少し悲しくなりました。

加えて、子どもの手術や病気の話でも同じだったんです。

例えば、先生が夫に向けて話しているのを聞いて、その中で疑問に思った点や今後の流れなどを私の方から質問することもあったんですね。話の内容も文脈もわかっていて、私がちゃんと質問をしたのに夫の顔を見て返事をする……という場面だと、「話してるのは私なのに……。私にも向き合ってほしい！　聞いてほしい！」と思いました。

かといって、2人の子どもの話なのに、当事者の夫を連れていかないというのも違う……。でも、夫がいれば、医師は夫にだけ話をする。

夫の通訳がなくても先生の言うことはわかっているので、「普通に会話したいだけなのに……」と、もどかしい思いをしました。

もし、この本を読んでくださっている医療関係者の方がいらしたら、聞こえる同行者がいたり、通訳が入っていたりしても、できる限り「当事者」の顔を見て、当事者に直接お話をしていただけると、うれしいなと思っています。

入院して初めて実感、音での情報がわからない！

入院中って、意外とやることがいっぱいあります。それも、音でお知らせするものが多かったり、声かけなどのコミュニケーションが必要だったりするので、入院中の聞こえないことによる大変さは、実際に自分が経験するまで気づきませんでした。

例えば、朝晩に「体温を測って」と言われるのですが、体温計のピピッ！ の音が聞こえないので、「いつ終わるのかな？ いつ終わるのかな？」と思いながら見ていなくてはなりません。

また、パルスオキシメータという血中酸素濃度と脈拍を測る機械をテープで貼っているのですが、子どもが動きまくるのでよく取れるんです。それが取れると音が鳴るようなのですが、その音が聞こえないので、看護師さんが来て「あ！ 取れてたんだ」とびっくりしたり……。

しかも、入院中って仕切りのカーテンを閉めるじゃないですか。でも聞こえる皆さんには、そのカーテンの向こう側の音が聞こえていて、なんとなく様子はわかると思います。

「今日、手術したのかな？」とか、夜中に泣いていると「痛くて寝られないのかな？」など。

長期間入院していると、いろいろな会話からその患者さんの背景がわかってくると思うのですが、私の場合は、そういった情報がまったく入ってこないのです。

こんなこともありました。入院中にお見舞いに来た私の母から、「あの子すごいなあ〜。中国語も日本語もしゃべってるね！」と言われて、そこで初めて「ええ！　あの子、中国語も話しているの⁉」と知りました。

私は1カ月間同じ部屋で付き添っていても知らなかったのに、母は2時間来ただけで「めっちゃいろんなことに気づくんだなあ〜」と、情報の格差を改めて実感しました。

「経験していないことには想像力が働かない」とはすでにお伝えした通りですが、出産するまで入院したこともない私は、聴覚障害のある自分が病院でこんなに困るなんて思いもしませんでした。

生まれつき聴覚障害があっても、病院で過ごす経験をするまでは想像が及ばなかったのですから、聴覚障害がない人たちには、聞こえないことを状況や場面ごとに「より丁寧に」伝えないと、そもそも知ってもらえないですし、わかってもらえないことが多いでしょう。

だからこそ、自分自身の経験を伝えて、いろいろな人に知っていただけたらなと思います。

聞こえないママの乳児育児はぶっちゃけ大変！

「聞こえないママって育児はできるの？」とよく聞かれます。

正直、一番大変だったのは赤ちゃんのころ。夜中に泣いても聞こえないし、ほんとーーーに大変でした。

泣き声が聞こえないので、夜に赤ちゃんの横で〝寝る〟ということがなかなかできませんでした。かなり大きな音がしたらわかることもあるので、補聴器をつけたまま寝るようにしていたものの、補聴器をつけても赤ちゃんの泣き声は聞こえません。

そのため、当時激務だった夫が深夜遅くに仕事から帰ってくるまでは、寝ずに起きていました。夫が帰ってきてから、次のミルクの時間まで寝るというような生活。

夫も、仕事から帰ってきても熟睡できず大変だったと思いますが、この時期を夫婦で乗り切ったおかげか、もともとの夫の性格か、私以上に子どもと全力で向き合ってくれて、最高の夫だなあと思っています。

寝ていても子どもの泣き声がしたら飛び起きるし、体調が悪い時に咳《せ》き込んでもですぐ起きるし、子ども目線でたくさん遊んでくれるし。そりゃあ子どもも、ママっ子じゃなくパパっ子になるわけです。

ちなみに、疲れきっていて夜起きているのがつらかった私は、授乳の時に寝落ちしてしまいそうだったので、真っ暗闇の中テレビをつけて、「プリズン・ブレイク」などさまざまな海外ドラマを見ながら、どうにか眠気を飛ばして徹夜する毎日でした。当時は正直しんどかったし、今からあの生活をもう一度！ と言われても、無理無理！ もう無理！ こんなに楽になったんだから！ って思っちゃいます。

そして、日中も目を離すことができないので、料理中は赤ちゃんを見える範囲に寝かせながら料理をしていました。

寝返りを打つ前はまだいいのですが、動き始めてからは大変で！ できるだけ手のかからない料理ばかりになっていました（私1人の昼ご飯は、めんどくさいので毎日卵かけご飯か、納豆ご飯でした！）。

包丁でトントンと切っていても、しょっちゅうパッと目を向けて何をしているか見て……という感じで、耳からの情報がないって本当に大変なんだなと思うことも多々。

お風呂に入る時ももちろん大変。脱衣場に赤ちゃんを置いて、浴室のドアを開けっ放しにしたまま、赤ちゃんを見ながら猛スピードでバババーッと洗って出てくるような感じで、毎日をやり過ごしていました。

里帰りもしなかったため、今思っても「よく頑張った！」と言いたいくらい大変だったのが、この赤ちゃんの時期でした。

義母や母が我が家に来てくれた時は、子どもをお願いしてゆっくり湯船につかるのが当時の私の楽しみで、この日を指折り数えながら待っていたっけ。今となっては懐かしい思い出です。

緊急時の子どもの呼び声や、叫び声が聞こえない！

子どもが少し大きくなって、自分から呼びに来たり会話ができるようになったりしても、聞こえないことで困ることは意外とあります。

聞こえる皆さんの場合は、子どもの泣き声を聞いて、その理由がわかると思います。例えば、「この泣き声はやばい！　なんかあった!?　見に行かなきゃ！」と慌てて行ったり、逆に「あ〜、ちょっと泣いてるだけか〜。料理終わってから行こうかな」と判断したり。前後の会話とか音も、耳で聞くことができますよね？

しかし、聞こえない私にはそういう判断ができないので、補聴器でたまに音をキャッチできたりした時は（「大声かもしれない！　叫び声かも！」と思って）料理中でも絶対に手を止めて、とにかく急いで見に行きます。

そうそう、なんか〝ゴン〟という振動がしたので急いで行ったら、子どもが落ちたんじゃなく、大きな物が落ちただけだった……ということもありますし、逆に、子どもがベッドからドスン！　と落ちて「わーんわーん！！！」と泣いていても、気づかないで片づけや料理をしている時もありました。

大きくなってからは自分で、「ママ！」とトントンして教えてくれるようになりました。

泣き声や呼び声も基本的に聞こえないので、普段からなるべく子どもが見える位置で家事をしたり、子どもから目を離さないようにしたりする癖がついています。

下の子が4歳くらいになってくると、お話も上手になるし、何か問題があってもまず私のところに来てくれるようになったので本当に楽になりました。それまではいつも目が離せないし気にしていないといけなくて、とっても大変だった〜。

その他、我が家の〝あるある〟をご紹介！

子どもの喘息の音や、痰の絡んでいる音がわからない！

我が子は喘息《ぜんそく》になったことがあるのですが、病院に連れていったら「どうしてこんなになるまで連れてこなかったの！　すぐ入院！」と、その場で入院させられたんですね。医師に聞くと、喘息特有の呼吸音がしているようなのです。

「次からは、『ヒューヒュー』し始めたらすぐ連れてきてね」と言われたものの、私にはその「ヒューヒュー」が聞こえません。

「『ヒューヒュー』っぽい感じがする！　喘息だ！」と思って病院に連れていったら、「単に鼻が詰まってるだけだね！　大丈夫！」と言われたこともありました。

意外と子どもの体調って、（自分では言えないので）音で判断していることが多いんですよね。夫が「（子どもが）すごく、痰《たん》の絡んでいる咳をしているから、ちょっと調子が悪そうだな」と言っていたので、「あっ！　痰が絡んでるってわかるの？　〝咳の音〟って違うんだ！」と初めて知りました。

夜中に寝ている時に、「ちょっと吐きそうな感じがする、ビニール袋持ってきて！」と言われて、音だけでそんなに判断できるの!? と、聞こえる人の耳のすごさに驚いています。

1～2歳の子どもの言うことはわかるの？

よく受ける質問の1つなのですが、「1～2歳の小さい子どもが言ってることって、聞こえる人でもなかなかわからないんだけど、読唇で言ってることはわかるの？」と聞かれます。

自分の子どもの場合は、子どもの知っている語彙や言いそうな単語を把握しているため、意外と問題なくわかります！　これは、聞こえる、聞こえないに関係なく、「幼児の親あるある」ではないでしょうか？

ただ、知らない子どもに知らない単語を言われると、ちんぷんかんぷんになることはあります。

保育園に子どもを迎えに行った時に、他の子に「はやぶさとねーこまちがれんけつしてね～」と言われ、当時「はやぶさ」も「こまち」も知らず、「れんけつ」をこんな小さい子が言うと思ってなかったので「⁉　なんて⁉　はやぶた？　早い豚？」と聞き返しました。すると、保育園の先生が「新幹線に『はやぶさ』と『こまち』っていうのがあるんですよ。それが『連結する』って言ってて……」と補足してくれて初めて「なるほど！　そうなんだ！」と知りました（姉妹を育てている私にとって、新幹線の名前は縁のないことばでした……）。

今でこそ、子どもたちの語彙に詳しくなりましたが、当時はそういった単語を知らず、そのうえ子どもたちの会話は主語がなかったり、脈絡がなく突然始まったりするので、自分の子以外の小さい子の言うことは、読唇ではわからないことがよくありました。

子どもが後ろでコケていても気づかない

口を見ないと言っていることがわからないとはいえ、日常生活の中でずーっと子どもの顔を見続けるのは難しく……。

例えば公園で歩いている時に、後ろでコケて大号泣していても気づかずにしばらくスタスタ歩いて「あれ？　ついて来ていない？」と後ろを振り向くと、地面に突っ伏して泣いていたり。慌てて戻って「コケたの⁉　大丈夫⁇」と駆け寄ることもしばしば。他にも、自転車の前後に子どもを乗せている時に、子どもたちと会話をすることはできません。車の運転中も、信号が赤にならないと子どもと会話ができません。

そういう意味では、けっこう不便なことって多いかもしれないですね。

聞こえなくても子育てはできるし、楽しい！

読唇術で会話をしている私の場合、毎日しっかり子どもの顔を見てお話ができるというメリットもあると思っています。赤ちゃん時代に比べ、子どもたちもある程度成長してきたことで、自分の痛みなどもことばで話せますし、私の聞こえも理解できるようになってきて、困ることが減りました。

実は、産む前はいろいろと心配しましたし、思い起こせば、たしかに大変なことや不便なことはありました。でも、2人を育ててみて「産んでよかったなあ」と思いますし、子育てをしていて（しんどいこともたくさんあるけれど）すごく幸せで、楽しい毎日です。

いつから!?
ズビ
ズビ

フム フム

ベタ〜

子どもたちが編み出した、聞こえないママとの会話術

たまに行き違いや勘違いがありながらも、それなりに子どもたちとはコミュニケーションが取れているので、「苦労」というほどではないんです。

ただ、私が把握している〝子どもが言いそうなことば〟以外のことを言われて困ることはありました。

長女が3歳くらいの時、「バーベキュー楽しかったね」と言われたのですが、子どもが「バーベキュー」ということばを知っていると思わなくて。

「えっ？『ばーゆうー』？『はーきー』？……何それ……？」

と言っていたら、子どもは他のことばで説明ができないし、文字も書けないので（3歳だし）、「もう、いい！」みたいな感じで終わってしまいました。

いやいや待って！　これはあきらめたらあかん気がする！　と思い、「それはどんなもの？　一緒にやった？　お菓子？」と場面を細かく聞くと、「あのねー、お肉を

じゅーって。えっと網の上でね……」と説明してくれたので、「わかった〜!!!バーベキュー! か! むしろそんなことばよく知っていたねえ」と。

そういう行き違いを経験することが人より多いせいか、成長するにつれて、我が家の子どもたちは1つのことをいろいろなことばで言い換えて説明するのが上手になりました。

5歳くらいになって簡単な文字が書けるようになったころ、人形に「きっき」という名前をつけたことを話してくれたのですが、「きっき」か「ちっち」かわからなくて。

「うーん、口の形が一緒でどっちかわからん」と言ったら、「『きっき』、『ちっち』」とつぶやいて、「あ、本当だね」と言って、空中に指で「きっき」と書いてくれました。これが我が家では当たり前の日常です。

せっかちな次女は、今でも「もーう! なんでママ、お友だちの名前がわかんないのよっ! 笑」と言いながら、細かい説明をしてくれる時もあります。

「あっはは－！　だって名前ってさ、口で読むの大変なんだも－ん。書いてよ～」と返す私。聞こえないママということは、普段意識しているわけじゃないだろうけど、聞こえないこともひっくるめてこれがママ、と理解してくれている気がします。

ナイショ話はできないけど口パクで話せるママ

子どもたちが小さい時には「ママは耳が聞こえないんだよ」と言ったことはありませんでしたが、「ママに来てほしい時は、呼ぶんじゃなくて肩をトントンする」ということは、物心つくころにはわかっていたようです。

夜中に泣く時も、泣いているだけじゃママは起きてくれないと気づいたらしく、泣きながら私のことをトントンして起こすんです。慣れてくると、トントンと私を起こしてから「えーん」と泣くようになりました。笑

3歳くらいの時に〝ナイショ話ブーム〟があったのですが、ママとは耳元でのコソコソ話ができないということをわかってもらうのが意外と大変で！

子どもってコソコソ話とか好きなんですよね。「ママは口が見えないとおしゃべり

できないから、お耳のコソコソ話はパパとやって〜」と言っても、「ママとやりたい」と言われて、

「じゃあ声出さなくていいから口見せて〜」

「え〜、なんで⁉ 耳がいい！」

「それだとママわかんないよ〜」

って。笑

思えば、やっぱり子どもの成長は速いですよね。

年少さんのころから、ちゃんと周りを見て、ママが聞こえないということがわかり始めるので、ことあるごとにちょこちょこ説明をするようにしていたし、夫も「今のだと、たぶんママは何を言ってたかわからないから、もう1回言ってね〜」とか、けっこうフォローをしてくれていたようです。

「なんでママって聞こえないのー?」と聞かれた時は、「ママもわかんないんだよね〜。生まれた時から聞こえなかったんだよねえ〜」と返しています。

「他の家のママは、声出すだけで来てくれるから便利だよね。ママはさ、わざわざ呼

びに行かないといけないんだよーー」

「それは、しゃーない！　頑張って呼びに来て〜」

と言っていますが、その一方で、

「ママとは、口パクでしゃべれるから楽〜！」

と言われたのは、おもしろかったです。ポジティブなところに目をつけるうちの子たち。


お友だち家族とご飯を食べていて好きじゃないものが出てきた時に、「これ、食べられない！」なんて、言っちゃいけないことをママには口パクで言えるから、ママって便利だよね〜って。笑

聞こえない私の子育てはトライアンドエラーですが、子どもたちにとっても聞こえないママとの生活はトライアンドエラーなのかもしれません。こうして、少しずつ我が家の家族の形が作られていったような気がします。

“きょうだい児”の苦労をさせないために

長女が生まれた時は不安で不安で仕方のなかった私ですが、育てていくうちにかわいくて、夫とも、「もう1人、増えるのもいいよね」と話すようになりました。

きょうだいに障害児のいる子（障害のない子）を「きょうだい児」と言いますが、私が気にしていたのは、下の子にきょうだい児のような苦労をさせないこと。

ヤングケアラーといったことばもありますが、下の子に長女のお世話をさせない！ということや、上の子に難病があることで下の子が理不尽に我慢することがないようにというのは、2人目を産む前に夫婦で決めていました。

上の子に病気があったことで、下の子を産む時もいろんなことが頭を駆け巡りました。

夫と相談し、

「生まれる前からあれこれ心配してもしょうがない。産んでみないことにはわからない」

　という結論になりました。

　ちょうど夫が起業したタイミングと重なり、忙しさはあるものの会社員と違って時間の融通は利くので、病院や療育には連れていけるから「なんとかなるよね」という感じもありました。

「忙しくても子育てにかける時間は捻出できる！　いざとなれば睡眠時間を削ればいい！」という思いが決め手でした。どんなに忙しくても、どんなに大変でも、子どもにかける時間と愛情をおろそかにしないという点で、夫婦の気持ちが一致したのは大きかったですね。

　とはいえ、私たちのことなので、

「大丈夫っしょ！」

「いけるんじゃない⁉」

　みたいなノリがあったことも事実です。

　もちろん話し合うことは大事ですが、あまり慎重に細かく検討しすぎると〝できない理由〟ばかりを見つけてしまいそうだったので、そのノリがあったことで気持ちのバランスが取れていたのかもしれません。

生まれてみたら、芯の強い長女と元気な次女はすごく仲がよく、ケンカもありつつ楽しく過ごせている様子を見て、私たちも幸せな気持ちになりました。

家庭の中に、子どもと子どものやりとりが生まれたことも、いい影響があったように感じています。

長女は妹の面倒をよく見るし、次女は速く走れない姉のスピードに合わせて歩く。そういう関わり方や、自分なりに考えて行動することが自然にできているのは、我が家ならではじゃないかなと思っています。

自分の体のことは自分で決められるように

長女は定期的に通院しますし、時に入院して手術をすることがあるので、その都度2人に、どんな手術をするのか？　どの期間入院するのか？　をしっかり話します。

長女は、自分が受ける治療や手術のことは子どもなりにわかった方がいいし、理由やメリット・デメリットを理解した上で納得して受けてほしいと思っています。

次女も、姉がどういう手術をしないといけなくて、それがどう自分に影響するかを理解した上で納得する必要があると思っています。

そんなふうに、我が家では娘たちがちゃんと理解するまでわかりやすく噛《か》み砕いて、何度も話し合いをします。


もし私が長女の立場だったら、自分の体のことは自分で決めたいと思うんです。親だからといって、子どものことを勝手に決めようとは思いません。もちろん、親が判断すべき部分はありますが、子どもとはいえ、自分自身のことを知る権利があると思っています。


5歳になる少し前の手術の時は、こんな病気があって、その結果手術が必要になったことと、どんな手術をするかを図解して、

「ここを切って、ここにボルトを入れて、足の骨を伸ばす手術だよ」

「切る時には全身麻酔というのをして、眠っている間に切るから痛くはないよ。その後、痛みはちょっと出るみたいだけど、慣れるみたい」

「手術の後、1年間くらいは車椅子に乗って生活するよ。リハビリをしなかったら筋

肉が伸びなくなって困ったことになる。だからリハビリも毎日やらないといけないよ」

と、細かく説明しました。

次女に対しても、長女と一緒に説明します。長女の入院や手術は、次女にとっても大きな出来事です。

どうして自分だけおじいちゃんおばあちゃんの家に行くのかをわかってもらうのももちろんですし、長女の病気は隠すような内容ではないと思っているので、現実をそのまま伝えています。

でも、それを聞いたからって、次女に必要以上にお姉ちゃんに優しくしてね!! とは思いません。

次女は次女なりに頑張っているし、長女は長女なりに頑張っている。

頑張る方向は違うかもしれないけど、家族みんなでちょっとずつ我慢する時期もあるよね~という感じで、それぞれのことを理解することができたらと思っています。

手術・入院・リハビリは本当に大変だった

手術、入院、リハビリと続いた時は、病室で仕事をして、子どもの面倒を見て、病院に通って……と大変すぎて、今でこそ〝喉元過ぎれば〟で「なんとかなった！」と笑って話せますが、渦中にいる時はまったく余裕がありませんでした。

入院中に、痛がって泣き叫ぶ長女を見るのもすごくつらかったっけ。代わってあげたいけど代わってあげられないしんどさ。

それだけじゃなく、退院してからも、長女が動けないことに対してもどかしさを抱えることは多かったんです。

例えば、車椅子に乗ったり装具を着けたりしなくちゃいけないから、友だちと一緒に鬼ごっこができなくて。

「みんなと、鬼ごっこをしてみたい」

と言われた時は、心が痛みました。

友だちと遊びに行っても、私たち親がサポートしないと歩いたり走ったりできないので、基本的には夫が長女を抱っこしながらお友だちと一緒に遊んだり。家だとある程度遊ぶことはできても、外だと〝みんなと一緒に〟できないことばかりでした。

友だちが気軽に歩くところを、長女は車椅子がないと行けない。

みんながパッと走っていってしまうので、ついていけない。

夫も私も、なるべく抱っこしていろいろなところに連れていったし、お友だちのグループにもどんどん参加したけれど、できないことの多い1年って、子どもにとっては本当に長いんだと痛感しました。

手術後は、ちょっとあきらめることも増えて「んー、やらなくていいかな」と言うことが増えた長女。

性格もあるかもしれませんが、〝できない環境が人を変えてしまうんだ〟と、その変化を目の当たりにしてショックでした。

年中~年長さんの1年間、小学1年生の1年間が、それぞれ手術による入院・リハビリだったけれど、やっぱり何度経験しても慣れません。

今はいったんリハビリが終わり、日常生活ができるようになってきたので、ここぞとばかりいろいろなことを体験させよう！　と思っています。

またいつ長期入院になるかわからないので、体が動く時にできることをたくさん体験してほしいなと思っています。

そんな中でも、日々ポジティブに過ごし、できる範囲の中で楽しいことを見つけようとしている我が子に頭が下がる思いです。

もっと、ソフト面が充実したらいいな

私は聴覚障害者なので、聞こえないことの大変さは十分に実感してきましたが、難病の長女が生まれて改めて、手足に障害を持つ人たちの大変さがわかった気がしました。自分の障害以外のことをいかにわかっていなかったか、という感じでもあります。

例えば、車椅子を押す時はヒラヒラした服は着られません（タイヤに巻き込まれてし

まうので）。どうしても服をタイヤにこすってしまうので、汚れてもいいような服ばかり着ていました。長女を抱っこすると、装具で服が破れたりすることも。

ユニバーサルトイレも、たいてい個室が1つしかないので、そこにしか入れない方は並ぶしかないんですよね。それに、ユニバーサルトイレを必要とする方は、往々にして用を足すのに時間がかかるので、待ち時間も長い中、間に合わないかも！　どうしよう！　と焦ることも多々ありました。

長女が生まれる前も、車椅子の人がいたら手伝ったり気にかけたりはしていたんですが、当事者の家族になったら、他の車椅子の人たちにさらに目がいくようになりました。

「あそこの上り坂がけっこう長いけど、あの人、体力的に大丈夫かな？」とか、「あの段差、もしかして上れないかも」とか。

「車椅子だから大変」というざっくりした理解から、より具体的に大変さをイメージできるようになりました。

車椅子で出かけた時、エレベーターにも苦労しました。当然ながら定員があるので、すでに人が乗っていたら乗れません。

車椅子はスペースを取るので、私と長女の2人だったとしても、4人分くらいの空きがないと乗り込めないんです。

ドアが開いて、私たちが乗れないと判断して一歩下がると、乗っている人たちは「すみません」という表情でドアを閉めます。降りて譲ってくれる人はほとんどいません。それを5回も6回も繰り返していると、いつになったら乗れるんだろうと途方に暮れてしまうことも……。

日本は、エレベーターもありますし、諸外国に比べてハード面でのバリアフリーはけっこう整っている方ですよね。ですが、ソフト面というか、人々の意識の点では正直まだまだだと思っています。

もう一歩でも半歩でも、気軽に声をかけてヘルプすることが当たり前になってきたらいいのになと思います。

障害・難病があってもなくても自由に生きてほしい

2人の子どもを見ていて思うのは、障害・難病があってもなくても関係なく、可能性を広げたり選択肢を増やしたりしてあげたいということです。

子育てで意識しているのは、何かやらなきゃいけないことがあった時に、やりなさいと言うのと同時にその理由も伝えること（これは、長女の手術のことと同じかも）。例えば、「歯を磨きなさい」と言っても「やだー」と言う時は、「歯を磨かなかったらどうなるか」を説明しています。

叱る時も、なるべく感情的にならず、なぜ叱っているのかを説明するように心がけています。

これは夫も同じ。どちらかというと私は感情的な方なのですが、子どもに対してはそうならないように意識しています（できない時もありますが……）。

子育てをしていて、親の私たちが育てられているなと思います。

2人から学ぶことといえば、根がポジティブなところ。それは共通している資質だと思います。

これは私の母から聞いたのですが、母が「お米が残り半分しかないから、買いに行かなきゃいけないわ」と言ったら、長女がこう言ったそうです。

「ばあば、『半分しかない』じゃないよ、『半分もある』って思った方がいいんだよ。だって半分もあるんだから！　すぐには困らないでしょ？」

母に「ユカコがそう教えたん？」と聞かれて、「いやいや、そんなこと教えたこともないし、話したこともない！」と言いつつ、我が子ながらポジティブ思考だなーと笑いました。

次女は、長女が入院するとお姉ちゃんともママやパパとも離れることになるので、寂しい思いもあるはずなのですが、「お姉ちゃんが入院してる時は、友だちの家に行けるんだよね～♬　たっのしみ～」と、置かれた状況の中で楽しいことを見つけるようにしているみたいで。

特に親が教えたわけではありませんが、2人ともその傾向が強いので、純粋にすごいなと思っています。そしてこういった時に子どもを預かってくれたり、パッと助けてくれる家族や友人たちに恵まれていることにも、本当に感謝しています。

子どもの意見を尊重することを行動で示す

2人を見ていると、同じように育ててもまったく性格が違うなあと感じます。長女はおだやかな性格で次女は自分の意見をハッキリ言うタイプではありますが、実は次女の方が繊細で長女の方が図太い。2人ともお互いのことが大好きで、今のところはうまく嚙み合っているみたい。

私たち親は、姉妹だから仲良くしなさいとは思っていません。たまたま仲がいいならいいし、仲良くなくてもいいと思ってる。姉妹といっても一人ひとり違うので、無理のない関係性であればいいんじゃないかな。

次女には、〝きょうだい児〟としてつらいことや我慢することがないように、また責任を感じなくてもいいように意識していて、本人にも伝えています。

もちろん、長女の通院や手術には親の付き添いが必要ですが、だからといって次女がやりたいことをあきらめる必要はない。そういう時は、長女には私が付き添い、夫が次女の行きたいところに付き合うという感じで。

やりたいことや行きたいところが姉妹で違うなら、どちらかに合わせるのではなく、二手に分かれればいいだけ。必ず家族全員一緒でなければ、とは思いません。
「やりたいことや意見が違ったら言ってね」
と、常に伝えています（今のところけっこう仲良しなので、一緒に行動することが多いです）。

あるいは、今週末は長女の行きたいところに行くから、来週末は次女の行きたいところに行くというふうに順番にするとか。どちらかの意見だけを連続して通すことのないようにしています。

もし、どうしてもそれができない時は、「こういう理由でできないんだけど、ごめんね。でも、行きたい気持ちはかなえたいから、来週になっちゃってもいいかな？」と確認します。

正直、そんな偉そうに言える子育てはしていませんし、正解がわかるのは数年後になりそうですが、子どもたちにとって「楽しい！　安心する！」と思える家族をこれからも築いていきたいと思っています。

CHAPTER 5

第5章

ありのままの自分を生かそうと決めた起業

大好きな会社を辞めてまで選んだ、自分にしかできないこと

ソニーは第1志望で入った会社。そのくらい大好きな会社で、まさか8年で辞めるなんて思いもしませんでした。

そんな私の転機になったのは、長女の誕生。ただでさえ、耳が聞こえないことで十分大変な経験をしてきたのに、待望の我が子が難病だなんて……。

我が子に障害や病気があった時のショックな気持ちは、計り知れないどん底。すべきことはあるはずなのに、何をすべきかがわからない。もし、やるべきことがわかっていて、将来の見通しが少しでも立てば、それだけでも救われるのに。

そこで初めて思ったのです。

「私みたいな思いをしている親が、他にもいるかもしれない」

と。同じ思いをした私だからこそ、できることがあるかもしれない、と。

私は、聴覚障害者として生きてきました。そして、聞こえる人たちにずっと囲まれ

ていました。地域の学校で過ごし、高校、大学受験、就職活動を経て大人になった私だからこそ、欲しかったサポートや情報がわかります。

また、つまずいたり失敗したりしたこともたくさんあるし、それらを乗り越えてきた経験もある。

この経験が、未来の聴覚障害者のために役に立つかもしれない――。

そんな想いがあり、長女を産んだ翌年、復職と同時に経験談を書いたブログを始めました。そのブログに共感してくれたり、励まされた！　と言って喜んでくださる〝難聴児の親御さん〟が多くいました。

そして、次女を産む前の産休の時に、実際に悩んでいる難聴児の親御さんの声を聞く機会を設けました。東京と大阪を含め、40名ほどの方に会いました。この出会いが、「デフサポ」の芽が出た瞬間です。

困っている人の役に立ちたいと、大きな決断をした

異口同音に言われたのは、

「聴覚障害児を育てることについての情報がない」

「どうやってことばを教えていいのかわからない」

ということ。

そう訴える親御さんの想いが、難病児の親である私には手に取るように伝わってきました。どうやってことばを教えたらいいのかについて悩んでいる人が、ほとんどだったのです。

今でこそ「デフサポ」は、難聴児のことばを中心にサポートしていますが、立ち上げる前の構想は違いました。

人事部にいたこともあって、もともとは〝障害者の就労支援〟をメインに考えていました。私は一般採用で就職しましたが、障害者採用で苦労した人たちの話も聞いていましたし、障害者雇用がうまくいっていない企業の話も聞いていたので、両方の立場で課題解決に向けて動けたらという思いがありました（今は事業拡大をしてこの課題にも取り組んでいます）。

多くの親御さんが悩んでいたのは「将来」ではなく「今」。

前にも述べた「ことばをどう教えていいかわからない」という具体的な悩みととも

に、「親として子どものためになることをしてあげたい気持ちはあるのに、何をどうすればいいかわからない」というもどかしさ、苦しさが伝わってきました。

それぞれのお子さんに合ったことばの教材を毎月作りながらプロトタイプをスタートさせたのですが、これがまた思いのほか大変で！　睡眠時間を削って、毎日朝の3〜4時くらいまで仕事をしていました。そして6時半には起きて子どもの朝ご飯の準備をし、育児とデフサポの仕事に追われる毎日。

気持ちとしては難聴児の親御さんのためにやりたいけれど、ビジネスとしては、マーケットも小さいし、生計を立てながら会社としてやっていけるかがすごく不安でした。

ソニーで働きながらできるようなことじゃない。とはいえ、夫も起業したばかりで不安定な中、子どもを2人抱えてソニーを辞めていいのか……と、心はかなり揺れました。安定した大企業を辞めることには勇気が必要でした。

夫は「どう考えても辞める一択でしょ！　起業しなよ。ユカコ向いてると思うし、実際楽しいよ！　お金とかもなんとかなるって！」と楽天的に言っていましたが、そのことばをにわかには信じられなかった私は、ソニーの先輩、同期、そして親や友人にも相談しました。

みんなが口を揃えて、「デフサポの仕事はユカコにしかできないことだから。それをやらないと、きっと後悔する。やりなよ」と。

私のことを知り尽くしているみんなが背中を押してくれたことで、ようやく決心しました。

デフサポ1本に絞ることに決め、退職を決意した瞬間です。

我が子に障害があるとわかった時、その受け入れ方や受け入れるスピードは人それぞれです。とにかく泣いて泣いて泣きまくる人もいますし、話を聞いてもらいたい人、やるべきことを粛々とこなしながら気持ちを落ち着ける人もいます。

親なんだから受け入れないといけない、受け入れて当然、というのは正論です。

でも、正論で人の気持ちを片づけることはできません。

だからこそ、受け入れられる親御さんのことも、受け入れられない親御さんのことも、ありのまま受け止めるデフサポでありたいです。

チームメンバーなしでは成り立たない

毎日睡眠時間を削って、がむしゃらに働きながら育児もしていた数年間を経て、私は悟りました。

これ以上やってると倒れる！　今すぐに会社を手伝ってくれる人が必要だ、と。

正直なところ、人をどう見つけたらいいのかがまったくわかりませんでした。

難聴のことにも理解があって、当時一番手のかかっていた教材作成を助けてほしい、そして私が苦手な事務作業もやってくれて、仕事への想いも持っていてほしい！　でも、会社としてはフルタイムで従業員を雇う余裕までは、ない……。

どう考えても贅沢《ぜいたく》というか、無謀な人材募集。

どこから手をつけていいか途方に暮れ、ソニー時代、プライベートから仕事まですべてお世話になっていた先輩に、相談しました。

「人集めに行き詰まってるんですけど……。とにかく仕事をフォローしてくれそうな人で！　でもお金に余裕もないからたくさん払えるわけでもなく、パートタイムで働いてもいいよって言ってくれそうないい人いませんか……？」

　すると、顔が広いその先輩は、以前ソニーの人事部にいた方を紹介してくれたんです。その人と一緒に仕事をしたことはなかったのですが、やっぱり同じ会社出身なので、仕事の成果の出し方などが似ていて助かりました。

　企業としての仕組み作りも、それまでは私だけがわかるようなやり方でやっていたのですが、「他のスタッフが入ってきてもわかるようにしておかなくちゃいけない」とマニュアルを作ってくれたり、教材作成もぐちゃぐちゃだったのをゼロから綺麗に整理してくれたり。私が言わないでも動いてくれるのが本当にすごかったです！

　会社の理念にも共感してくれていたので、私の思いや考えを汲《く》み取った上で、私ができない仕事を一手に引き受けてくれました。

　しばらくはその方と2人でやっていたのですが、それでもパツパツで、どうしよう……と話していた矢先、その方が、なんともう1人元ソニーの人を紹介してくれました。

　その人もとても優秀で、私のスケジュール管理やタスク管理をしてくれたり、経理業務などもフォローしてくれたりと、今も2人にはかなり助けてもらっています。

まさかここで、ソニーつながりで助けてもらうとは！

あきらめかけていた時に出会ったスペシャリスト

事務方のスタッフは優秀なメンバーが揃ってくれましたが、加えて専門職の方、特に言語聴覚士の力も必要です。正直な話、専門職の方の採用は会社を立ち上げてから数年かかりました。

デフサポが必要とするのは、聴覚障害児に詳しい専門家です。ただ、日本の言語聴覚士は仕事の範囲が広くて、摂食や嚥下《えんげ》など幅広く対応します。つまり、子どもから高齢者までの話すこと、聞くこと、食べることのすべてを網羅しているのです。

聴覚障害児の人数は、他の患者さんに比べて圧倒的に少ない。だから、小児の聴覚障害を専門にしていて、かつ最新の情報を理解している言語聴覚士を探すのは至難の業《わざ》。それに、それだけのプロは大学病院やメーカーなどで働かれていることも多く、なかなか見つかりません。

「もう、デフサポで働いてもらえる言語聴覚士は見つからないのかな……」

と半ばあきらめモードだったその時、「デフサポに協力できることがあれば」と言ってくれる方が！　それも、私が望んでいた以上にすごい方が！

海外で聴覚障害に関する専門性の高いAudiologist（オーディオロジスト）の資格を取られている方で、「病院でも仕事をしているのでフルタイムで働くのは難しいけれど、ぜひ手伝いたい」と、アドバイザー的な形で入ってくれました。知識も経験も深く、定期的に関わっていただいていることに頭が下がります。

その人のおかげで教材作りも進められました。

その後なんと！　さらにもう1人、言語聴覚士が「ぜひご一緒できれば！」と入ってくださり、今はこの方が中心になってセッションやＬＩＮＥでの親御さんへの対応などをしてくださるようになりました。会社としての方向性が、かなりしっかりしてきたと思っています。

それ以外にも、デフサポの立ち上げのころからデフゼミ（231ページ参照）をしてくださっていたご家族の方が今はスタッフとなって、当事者の立場でサポートしてくださっています。素敵なスタッフに恵まれて、心から感謝しかありません。少数精鋭ですが、これからも細く長く続けていけたらと思っています。

安定収入を失い経済的な不安を抱えたままの船出

ちょっとここで、起業についての現実的な話も……。
2014年　長女を出産。
2015年　夫が起業し、同時に私が復職し、デフサポの構想を。
2016年　難聴児の親御さんにヒアリング&デフサポ立ち上げ、次女を出産。
2017年　デフサポを株式会社化。
2018年　ソニーを辞める。
という我が家の激動の数年で、もともと多くなかったお金があっという間になくなりました。しかもこの間に長女の手術や入院もあり、時間もなく本当に忙しい毎日でした。
経営自体が楽しくて「起業しなよ！」と勧めていた夫も、私がソニーを辞めるタイミングで事業投資がうまくいかず、会社が低空飛行に。
デフサポは、起業して数年はお金が出ていく一方だったこともあり、あっという間に我が家の貯金は底を尽きました。

私はそれまでずっと会社員だったので、「毎月お給料をもらう」生活が当たり前だったのですが、初めて会社員の安定というありがたみが心の底からわかりました。

「今月は結婚ラッシュでご祝儀が必要だし、スタッフに支払いをしたら、子どもも関係のお金や食費を削らないと厳しくない？」というくらい、最初の数年は極貧生活を送ってきたと思います。豆腐ともやしに助けられました。笑
夫は「大丈夫、稼ぐ稼ぐ！　なんとかなるって」と言っていて、気持ちに余裕のない私は「いやいや、今なんとかなってない！　お金は降って湧いてこないんだから！」とピリピリしてたっけ。

お互いの会社がちゃんと軌道に乗るのか、乗るとしてもいつなのか、常にはらはらしていましたが、このころの私にとっては、〝いざという時の〟心の支えも、実はソニーでした。当時の上司や同僚が、辞めることを決意した私に「やってみて、ダメだったらソニーに戻っておいでよ！　いつでも歓迎するよ！」と。

もともとソニーは辞めた人が戻ってくることが多く、ウェルカムな雰囲気だったので、本当に明日食べるものに困ったらソニーに戻ろう！　という安心感がありました。

おかげでそのつらい時期を乗り越え、今は夫婦で3社目になる「MASSDRIVER」というマーケティングの会社を夫と2人で作るまでに至りました！

悩みもアイデアもすべて受け止めてくれる味方がいる

デフサポは、最初に参画してくださった2人のスタッフ以外にも多くの方々に助けてもらっています。

まずは、ソニーを退職してすぐに、NPO法人ETIC.（エティック）の社会起業塾のプログラムに採択していただきました。

こちらは社会起業家を支援するのが目的のプログラムで、社会起業家とのつながりや、起業家としての心構えやデフサポのベースとなる事業について、壁打ち（アイデアを聞いてもらって整理すること）をしながら企業の芯の部分を一緒に考えていただきました。ここで出会った先輩起業家や同期には、本当に感謝しています。

その翌年から2年間は、ソーシャルベンチャー・パートナーズ東京（SVP東京）という組織の協働団体に採択していただきました。各団体にVチームというチームがつくのですが、デフサポのVチームではソニーの人も含め、大企業に勤めている（た）方や、医師、弁護士、リサーチャー、コンサルの方々など、多彩で素敵なメンバーが入ってくれていました。このVチームなしには、今のデフサポや私の経営的な考えはなかったかもしれません。

常にパツパツで、目先のことに追われがちな私と、Vチームの皆さんとで毎週壁打ちミーティングを行いました。

3年後、5年後といった長期的なスパンを見据えて事業計画を考えたり、教材の価格を相談したりと、きめ細かいミーティングによって全体の進捗《しんちょく》を確認してもらいつつ、人材集めや顧客へのヒアリング、管理リスト作りなど、その都度困っていることについてサポートをしていただきました。

何をすればいいのかわからない起業の1年目から3年目にかけて伴走していただいたおかげで、モチベーションを保ちながら、ビジネスに邁進《まいしん》できました。ひとえにサポートしていただいた皆さんのおかげです。起業後に業績をどう伸ばしていけばいいかなど、悩んでいる方にはぜひ！

そして何より、夫の影響も大きくあります。先輩起業家としても、家族としても、パートナーとして公私共に全面的に支えてもらいました。おかげで今の私があります。

これからの時代に合わせた障害児支援を目指して

デフサポでことばの教材を作ったり、親御さんに情報を伝えるにあたって、何より大事なのが弊社チームの知識や情報を日々アップデートすることです。人工内耳や補聴器という機械の進化と同様に、療育も時代とともに進歩しています。

専門家の知見はもちろん、私自身も最新の情報を得たり、広くつながりを作るために学会に参加したり、ろう学校の先生や耳鼻科の医師に話を聞きに行ったり、ろう学校や病院の現場を見学させていただいたりと、立ち上げ当初からさまざまな経験をさせていただきました。

こういった機会に恵まれたのは、本当に運がよかったと思います。

また、耳が聞こえない当事者として、これまでの人生で経験してきたことも強みです。

対面の療育や病院でのリハビリがある中、あえてデフサポがオンラインでサポートを行っている理由としては、共働きの親御さん、そして地方に住む方など、どんな人でも誰でも、住んでいる地域や時間にとらわれず相談できるということ。その上で、等しく最新の情報や療育で大切なポイントをお伝えしています。

病院と療育施設に通いながら、その上でデフサポを第3の頼る場所として活用してもらえたらという思いがあります。いざという時のセーフティーネットは何重にもあった方が安心だと思うんですよね。

難聴児を持った親御さんは、不安な気持ちを抱えてデフサポにいらっしゃいます。

「どうしてうちの子が聞こえないんだろう……」

「人工内耳を入れたら、聞こえるようになるんでしょうか？」

「口話か手話かどっちがいいんですか？　どっちもってできるんですか？」

という相談にも、日々向き合っています。

いい教材を作るのはもちろん重要ですが、それ以上に親御さんの疑問や不安に向き合い、日常での声かけやことば習得のサポートをすることが大事だと思っています。

そして、それができるのは、私たちデフサポならではとも思っています。

常に新しい情報や知識を取り入れながら、今の子どもたち、これからの時代の子どもたちにとって必要なことを、親御さんと目線を合わせながら提供しています。

周りに障害を理解してもらうことも必要

人工内耳や補聴器をつけて聴覚活用ができれば、「聞こえについて、それほど困らないのでは？」と思うかもしれません。

たしかに、保育園や幼稚園に行けば友だちとしゃべるし、先生が言ったことも理解できているし、みんなと一緒に歌を歌ったり踊ったりもできる。そうなると、周りからは「問題ない」と思われてしまいます。私と同じように。

でも、そうではありません、確実に問題はあるんです。集団生活を過ごす上で聞こえる子と同じことができていたとしても、あくまでも難聴児には変わりありません。はたから見て、周りの子とまったく同じようにできていても、理解度としては7〜8割ということも多々あります。問題は、そこを理解していない親御さんも多いということです。

幼児期はそれほど複雑なコミュニケーションがあるわけではないので、仮に3割の理解が欠けていてもそれほど大きい問題ではないかもしれません。ですが、中学、高校と成長するにつれて、その3割が大きく響いてきます。

また補聴器や人工内耳は、どうしても音の取捨選択が人間の耳ほど上手にはできません。なので、にぎやかな場所、例えば駅やフードコート、ゲームセンターなどに行くと、友だちの声が聞き取りにくく、会話が難しくなることがあります。

そういう場所では、友だちに話しかけられても気づかず、無視してしまうかもしれません。ですが、ちょっと移動して静かな場所に行けば聞き取れるので、普通に話ができます。

聞こえると思ったら聞こえてない、聞こえないと思ったら聞こえてる――。

聴覚活用ができる子たちは、私の子どものころと同じように、「困りごとに気づいてもらえない」という悩みを抱えるようになるのでは、と思います。

「聞こえてるし、わかっているし、しゃべっているけれど、みんなと同じじゃない」

「困っていないように見えても、問題はある」

将来的には、そのことを自分でうまく伝えて、周りに理解してもらう努力をする必要が出てくると思っています。私もずいぶん試行錯誤しましたし、経験者としては、その悩みも伝えていきたいと思っています。

聴覚活用しながらことばを習得する「デフゼミ」と認知活動

デフサポが提供することばのトレーニング教材を「デフゼミ」と言います。

デフゼミでは、オリジナル教材を月に1回配付し、その他、「デフサポLINE」で随時相談に乗ったり、定期的にオンラインでセッションを行ったりしています。

コースは、ベビーコース、キッズコース、ジュニアコースの3つに分かれていて、大まかには対象年齢を設定しているのですが、実際の年齢ではなく、言語レベルに沿った振り分けになっています。


学習塾のテキストみたいに年齢や学年ごとに渡せるものならいいのですが、そうはいかないので、始める前にセッションをして言語レベルを判断します。

そして、教材というと、子どもが問題を解くのをイメージするかもしれませんが、デフゼミは親御さん向けの教材です。

難聴児にことばの力をつけてあげるために、生活の中で親御さんがどんな声かけをするといいか、どうやってことばを教えるといいかを教材にしているのです。

日常生活を過ごしている上では、相当意識しないと、普段使い慣れていることばしか使わないいんですよね。

例えば、「コップ」とは言うけれど、「マグカップ」「ゆのみ」「グラス」などさまざまな言い方は日常の会話であまり出てこないと思います。なので、デフゼミでは年齢に応じて使う語彙を増やしていけるように、サポートしています。

そして、デフゼミ受講者とスタッフ間でのLINEやZoomでのセッションでは、教材のわかりにくいところだけではなく、難聴児が生活で困ったことや、「これ、誰に聞いたらいいいんだろう？」という小さい困りごとにも対応しています。

「聴力検査の見方がわからないけれど病院では聞けなかった」

「ことばがちょっと遅い気がするけれど、どうしたらいいのかがわからない」

「学校の先生の理解がないからどう伝えたらいいかな？」

といった悩みにお答えしています。

内容によって、言語聴覚士、当事者、先輩親御さんと、デフサポスタッフ側の担当を変えています。

聴覚障害について身近に感じてもらう

デフサポでは、〝認知〟活動も大事にしています。

「聴覚障害者が身近にいます！」「どうしたらいいかわかります！」っていう人、ほとんどいませんよね。

だからこそ、出会った時にサポートしてあげたいけれど、どうしたらいいのかがわからない、という人がすごく多いと思っています。


そういった人にも身近に感じてもらうために、YouTubeの「デフサポちゃんねる」や、Instagram、Tiktok、X（旧Twitter）を通して、難聴の私の困りごとや生活を楽しくエンタメを交えて発信しています。

継続が大変だなと思いながらも、頑張っています！　聞きたいけどなかなか本人には聞けないというテーマも、盛り込んでいます。

「どうして聞こえる夫は聞こえない私と結婚したのか？」

「義母は、聞こえない彼女と結婚すると聞いてどう思ったのか？」

「聞こえないママは、どうやって子育てをしているの？」

といった具合に。

どんなことを話しているんだろう？　って覗《のぞ》きたくなりませんか？（ぜひ見てもらえたらうれしいです）。


今はこんなふうにSNSで気軽に発信ができるから、いろんな障害のある人に触れることができて、すごく楽しいなと思っています。

SNSでより多くの人の目に触れることで、身構えず、気軽に「そっか〜、こういう困りごとがあるんだな！」と知ってもらったり、「難聴者ってとっつきにくいわけじゃないいんだな！　同じ人なんだな〜」と感じてもらえたらうれしいです。


数年後には、今デフサポで関わっている子たちがどんどん社会に出ていきます。

そのころには、もっともっと当たり前に、もっともっと身近に聴覚障害者のことを感じてもらって、困っていそうな時には「なんか手伝おうか？」と気軽に声をかけてくれるようになったらいいなあ、と思っています。

企業に理解してもらい、企業と障害者の橋渡しを

障害者雇用については、課題はまだまだあります。人事の経験がある私から見ると、企業側、障害者側の双方に課題があると感じています。そのためデフサポでは、企業研修や、障害者採用のコンサルを実施しています。

企業は、障害者を採用することをゴールにしてしまいがちなので、仕事の仕方やキャリアアップの道筋を考えておくとともに、障害者を含むチームビルドに目を向ける必要があると思います。

聴覚障害を含む身体障害、精神障害など、さまざまなハンデを持つ人が入社すると、その人たちのサポートが必要になる場面が増えます。

その時、特定の社員に負担がかかってしまうケースがよくあるんです。「サポート係」みたいになってしまって、自分の仕事とハンデを持つ人のサポートが1人の人にのしかかると、チームとしてバランスを欠いてしまいます。

また、チームを組んだとしても、コミュニケーションがうまくいかずに障害者がチームの輪に入れないということも起きてしまう。そうすると、「障害者雇用は現場にとってマイナス」という印象になってしまうのです。

一方、障害者の側の課題としては、「自分ができることと、できないことを、会社や上司に明確に伝えられているか」ということがあります。

「できないのは、これとこれとあれと……」とできないことばかりを伝えてしまうと、周りは遠慮して仕事を振ってこなくなってしまいます。

かといって、「なんでもできます」と背伸びしてしまうと、実際にはできないことがあるので「口だけで、全然できないじゃん」と信頼を失うことになってしまいます。

企業には、障害者を採用するためのベース作りが必要ですし、障害者には自分の力量の言語化が必要。

今はそれがうまくいっていないケースが多く見られるので、その橋渡しをしていきたいという思いが強くあります。

障害者が起業することの意義とメリットを実感！

デフサポはどうしても利用対象者が少なく、専門家中心の少数精鋭チームなので、自社で障害者雇用をするのは難しい側面があります。

私自身の想いとして、障害当事者はもちろんですが、実は「難病児の親」や「障害児の親」が仕事を辞めないといけなくなってしまうケースも身近に見てきていて、どうにかしたいという気持ちが強くありました。

そして夫はシングルマザー家庭で育ってきたので、そこに対してアプローチしたいという思いがありました。

そのため、私たち夫婦が現在もっとも得意とする「Webマーケティング」で新しく会社を立ち上げることにしました。

デフサポも夫の会社も、ある程度軌道に乗ってきたからこそできた選択かもしれません。

この「MASSDRIVER」という会社では、Webマーケティングを生かしたクライアントの売上アップや採用支援を実施しています。日本国内だけではなく海外にも展開して、SEO（検索エンジン最適化）支援・SNS運用・ホームページ制作などを請け負っている会社です。

この会社のモットーとしては、必ず〝数字〟でお客様にとってベストな結果をお返しすること。おかげさまで最近では、上場企業など大手の会社からのご依頼も増えてきました。

こういった会社なので、どうしてもスキルありきというのが大前提ですが、現在MASSDRIVERではシングルマザーの方、難聴児を持った親御さん、難病児を育てている親御さん、障害当事者……など、さまざまな背景を持った方とともに働いています。

よく驚かれますが、それを売りにしているわけではないのです。

オンラインがベースなので働く時間は皆さんバラバラですが、ちゃんと成果を出してくださいます。

こんなふうに、障害者雇用のある大企業だけではなく、私たちのような小さな会社でも当たり前に、当事者や障害児・難病児の親などさまざまなバックグラウンドの人が働くチャンスを提供できるといいなと思っています。

デフサポとMASSDRIVERをゼロイチで立ち上げて思うのは、私のような障害当事者が働きやすい会社は、他の事情を抱えている方も働きやすい会社になるんじゃないかということ。

そして、意外と障害当事者こそ、自分で会社を立ち上げた方が自分らしく働けるかもしれないということ。

例えば、私は聞こえないので、私の会社では電話ではなくZoomなどのビデオ通話を活用したり、チャットを活用するのが基本になっています。自分の会社であれば、自分のベストを出せる環境を作りやすいと感じています。

今の時代、昔に比べて選択肢が増えたことは障害者にとっても生きやすい世の中だと思っています。

新しいチャレンジとしてアメリカで生活を

実は、今、家族揃ってアメリカのテキサス州ダラスで生活をしています。MASSDRIVERの海外マーケティングの拡大に従い、アメリカに拠点を作る必要があったことと、難聴があって読唇術をしていてもアメリカで生活できるのかを試してみたかったこと、また難聴関係の療育はアメリカが充実しているので生きた情報を得たかったなど、さまざまな理由で「えいやっ！」と渡米しました。

聞こえない私ですが、「アメリカの生活、どう?」と聞かれると、正直、買い物や運転など生活面は慣れてしまえばそんなに困らないし、なんとかなります。でもコミュニケーションでは大苦戦中です。どうしても読唇をするのが難しくて難しくて！

そもそも、私は英語が大嫌いで、これまでの英語の成績なんて壊滅的でした。いまだに中学英文法すら怪しいです。

そんな私がアメリカに来ちゃったもんだから、英語の読み書きがおぼつかないところに、耳が聞こえないから全部口元で読唇して理解しないといけない！　つまり、ドカンとハードルが……。

アメリカに来て、いろいろな人の口を見て知ったのが、英語って口を動かしていいそうで意外と動かしていないんです。

舌と喉を動かして発音することが多いので、口そのものはあまり動きません。

つまり、読唇がめちゃくちゃしにくい！　というわけ。

でも人と話すのが大好きな私、音声文字認識で生活するよりも、やっぱりリアルで実際にコミュニケーションをしたい！　という思いはあります。

育児に会社経営と忙しい言い訳ばかりしていないで、コツコツ頑張りながら、近い将来、5年後か10年後には「聞こえなくても」英会話ができるように、頑張っていきたいと思います。

ぶっちゃけ、先が遠すぎて、英会話ができるようになる気はまったくしないけれど、こんな無謀なチャレンジをしている私の姿を見て、「聞こえなくたってなんでもできるな！　私も何かやってみよう！」というふうに感じてもらえたらと思っています。

アメリカ本場のダイバーシティってどう？

移民の多いアメリカならでは！　と感じたのは、「私、耳が聞こえなくて」と伝えてもあまり困った顔をされないこと。いろんな言語の人たちが集まっている国だから、英語が話せない人がいるのが当たり前という感覚なのか、「これにしゃべってくれない？」とスマホを渡すと、サクッと音声文字認識を使ってくれたり、ジェスチャーを会話に盛り込んでくれます。

この対応からも、「聞こえない日本人」ではなく、「英語のできないアジア人」としてひとくくりにされているような感じですが、初対面でもスムーズに対応してもらえています。

スタバでサイズを聞かれた時に何を言っているかわからないと、「私は耳が聞こえないのでゆっくり話してくれる？」と言います。

そうしたら「わかった！」とカップを指差して、私に見せながら、「どのサイズ？トール？　グランデ？」と聞くので、「グランデサイズをお願い!!」「ＯＫ！」とあ

っさり。ボディランゲージありきで伝わります。

また、コーヒーが出来上がると名前を呼ばれるのですが、注文の時に聞こえないことを伝えていると、たいてい席まで持ってきてくれたり、カウンターの向こうから大きく手を振って呼んでくれたり。

近くのお客さんが「呼ばれてるよ」って教えてくれることも。

このように、当たり前にサポートをしてくれたり、〝マニュアルありき〟ではないのが、アメリカ。

英語が話せない人も含め、いろいろな母語を持つ人がいて、さまざまな人種がいる移民大国のアメリカは、幼少期から自然とダイバーシティの考え方が身につくし、多様な人に接することが多いんだろうなと思っています。

ソフト面が強いアメリカと、ハード面が強い日本

アメリカのいいところは、近くの人に気軽に声をかけたり、ヘルプするのが当たり前な文化があること。

スーパーで車椅子の人が隣にいたら「何か取りたいものある？」と声をかけていたり、聞こえないと言えばボディランゲージをつけながらゆっくり話してくれたり。

荷物をたくさん持っていたら「ちょっと持とうか？」と聞いてくれたり。

こうしたちょっとした困りごとに気づいたら、近くにいる人がすぐに助けてくれることが多いのがアメリカだと思います。

反対に、日本の方がいいなと思ったのは、メールやチャットでの問い合わせがしやすいこと。

日本では、企業やインフラ関係で問い合わせのメールをしたら１００％返信が来ま

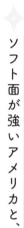

す。しかしアメリカは、待てど暮らせど返信が来ないことなんてザラ。あ、唯一の例外を言うと、お金が絡むことだけめっちゃ返事が早い。

また、問い合わせの手段が電話しかないこともしばしばで、聞こえない私は連絡ができないこともしょっちゅうあります。

日本なら、チャットやメールでも問い合わせられるようになっているので、そのあたりは日本の方が整備されているなと感じます。

どちらの国も一長一短はありますし、細かいことを並べたらキリがありませんが、アメリカも日本もそれぞれにいいところがあって最高です！

挑戦の第一歩は1センチでもいい！

いまだに英語はできませんが、アメリカ生活に挑戦をしてみて本当によかったと思っています。

アメリカに会社も作れたし、もちろん円安で大変なこともありますが、やってみればなんとかなるもんです。

よく言われるのが「それは、ユカコだからできるんだよ」ということ。

でも、私は誰だって挑戦できると思っています。

〝挑戦〟って、そんなに大きな一歩を踏み出す必要なんてない。

ほんの1センチでも、半歩でもいいから、思い切って踏み出してみる〝勇気〟さえあれば、案外なんとかなることが多いと思っています。

そんな試行錯誤をしているうちに、いつの間にかその一歩が大きくなっているのではないでしょうか。

いきなり会社を立ち上げる！　じゃなく、最初はブログから、SNSから、というふうに少しずつやっていけばいいんです。

それ以外にも、初めての新しいお店に入ってみる、誰かに声をかけてみる、新しい仕事をしてみる、という小さなことでも立派なチャレンジだし、それでうまくいったら成功体験につながります。

新しいことを始める時、失敗や年齢を気にして、チャレンジ自体をあきらめてしまうこともあるかもしれません。

でも、一歩を踏み出してみたら案外できてしまうこともあるし、失敗してもそれが後々プラスになることも。

やりたいことがある人には、理由を探してあきらめずに、できそうなことからちょっとずつ挑戦してほしいなと思っています。

COLUMN 3

聴覚障害者に できる仕事・できない仕事

実は昔は、障害があることで職業選択が制限されていたことを知っていますか？　聴覚障害者には資格取得が認められない職業がいくつかありました。

例えば医師、歯科医、診療放射線技師、救急救命士、言語聴覚士、看護師、助産師、薬剤師などは、以前は聴覚障害があるだけで免許が取れなかったのですが、先人たちが声を上げて、聴覚障害者への誤解や差別とたたかってくれたことで、職業の選択肢が増えました。

先人たちのおかげでさまざまな職業の門戸が開いたのです。

実際、私の友人にも、聞こえない耳鼻咽喉科の医師や、言語聴覚士がいます。難聴業界に当事者がどんどん参画してくるのはとても心強いことだと感じています。

今は、聞こえなくてもどんな仕事でも就けるのか？　と言われると、そうではありません。安全な業務遂行に必要な要件として、身長をはじめ身体的要件を設けている仕事もあります。

例えば、パイロットは、どの周波数でも35dB（デシベル）が各耳ごとに聞こえているなど条件自体が厳しいので、聴覚障害者にとってはハードルが高く難しいですが、警察官や鉄道運転士など、聴覚障害があっても条件をクリアするのであればできる仕事もあります。

時代が変わり、人々の理解が進んだことと技術の進歩により、選択肢は確実に増えています。聞こえる人も聞こえない人も、自分らしく活躍できる社会になったらいいなと思っています。

CHAPTER

6

終 章

私らしく、しなやかに生きていく

「聞こえたらいいのに」って思ったことがない

意外に思われるのですが、「なんで、自分だけ聞こえないんだろう。聞こえたらよかったのに」と思ったことがないんです。

私は、生まれた時から耳が聞こえません。〝聞こえる世界〟を知らないのもあって、そんなに聞こえる世界をうらやましい！　って思わないんですよね。

親に、「どうして聞こえるように産んでくれなかったの？」と言ったことも、一度もありません。

私にとっては聞こえないのが〝当たり前〟であって、その事実は変えられない。聞こえるようにするというのは、どう頑張ってもできないこと。だから、そこに対して努力をしたことはありません。

もちろん、聞こえないことで困ったりへこんだりしたことはあります。

だからといって「聞こえるようになるといいのになあ」ではなく、「聞こえない私が『できる』ようになるにはどうしたらいいかなあ？」と考えていました。

英語を聞くことは、100％できません。でも、筆談や音声文字認識など、視覚的なツールを使えば英語での会話もできます。

さらに言うなら、難聴のネイティブの方で英語の読唇をやっている人もいます。

ということは、コツを掴めば私もできるかもしれない。

こんなふうに、頑張ってもできないことと、方法次第でできることを切り分けて、「どうやったらできるのか？」を考えるのが好きなんです。

聞こえないことは、〝私だから与えられた試練〟でもないし、個性でもない。

聞こえないことは、私を構成するさまざまな要素のうちのたった1つにすぎません。

これからも、私らしく、聞こえないこともひっくるめて生きていきます。

"リーダーシップ"は自分で生み出した生きる術

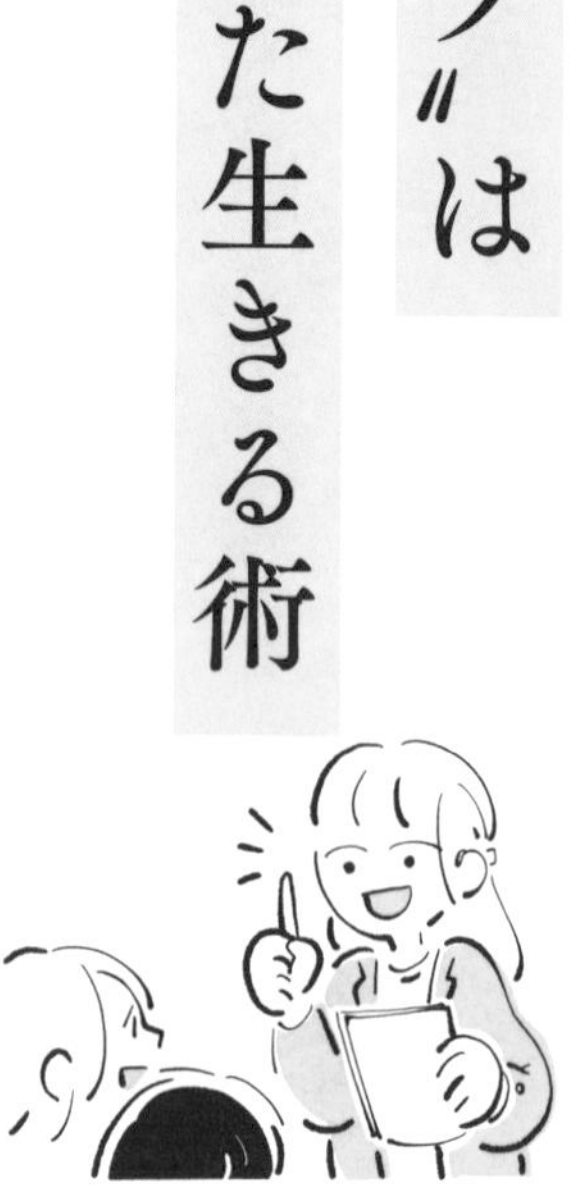

小学校3年生くらいの時かな。友だちと外遊びをしていて、最初は「ケイドロ（刑事役が泥棒役をつかまえるゲーム）」をやっていたのですが、途中からいつの間にか「かくれんぼ」に変わっていたことがあって。

みんなの中では「じゃあ、ここからはかくれんぼやで！」と決まっていたみたいなんですけど、私には聞こえてなくて、

「つかまえた～！」

「今、かくれんぼだよ！　ユカちゃん鬼じゃないから隠れないと！」

「ええっ⁉　いつの間にかくれんぼに変わってるの！」

ということが多々ありました。

そのころから無意識に、「自分でリーダーシップを取って物事を進めればいいんだ」と思い始めたみたいです。

待ち合わせ場所を決める時にも、「じゃあ、公園に○時に集合ね！」と自分から声をかければ、口を読み間違えることも、聞いていなかったからわからなかった！　もありません。

性格的にもともとリーダー気質だったのもありますが、私の中では自分が決めてみんなをリードすれば、聞こえなくてもなんとかなるって思っていたんですね。

自分で約束の時間とかをコントロールした方が勘違いが起きないと自覚してからは、自分から選択肢を出して決めるようにしていました。

「リーダーシップがあるね」と言われることがありますが、それは、聞こえない私の生きる術《すべ》だったのかもしれません。

大人になってからも、会社での飲み会の時間や場所を率先して決めたり、友だちとの食事会のお店を選んだり。こうして、聞こえる人とのコミュニケーションや関係作りを、自分の耳の特性を理解しながらうまくやってきたように思います。

人に助けてもらうことを恐れない

私は、これまで多くの人に頼って、助けてもらってきました。

人を頼るにあたって私が一番大事にしているポイントは、気軽に頼める関係性を築くことと、助けてもらった数倍は必ず助ける！　つもりで普段から動くことです。

恩義を忘れないのは、何より大事だと思っています。


それは、聞こえる・聞こえないとは関係ないと思っていて。障害者だから助けてもらって当たり前だとも思いません。

私の場合、聞こえないから頼まないとできないことって多かったんですよね。

例えば、病院やお店に電話で連絡してほしい、会議の内容がわからないから議事録

を書いてほしい……など。

そういう時、自分でどうにもできないとわかったら、すぐに助けてもらいます。事情を話して、こうなんだけど助けてもらえないかな？ と。タイミングが合えば、ほとんどの人が助けてくれます。


もう1つ意識しているのが「頼める関係性の人をめちゃめちゃ増やす」こと。同じ人にばかり頼んでしまうと、1人の負担が大きくなってしまいます。なので、いろいろな人にちょこちょこお願いするように意識していました。

そして、多くの人を頼る分、人から頼られなくても、私にできることは率先してやる。友だちが大変そうな時は自分から助けに行ったり、子どもを預かったり。

また、イベント事などの幹事をするなど、とにかく、大変そうなことはなるべく引き受けるようにしていました。


困った時はお互い様という気持ちで、多くの人と助け合える関係性を築いていく。

それが当たり前の世の中になれば、障害のある人もない人も、生きやすくなるんじゃないかなあと思っています。

相手の流儀に口出ししない

子育てについての考え方は、比較的夫と一致していると思います。夫婦で子どもに言うことが違う、というケースはほとんどありません。

ただ、私が長期出張で家を空けていて、夫が1人で子どもを見る時などは、若干の違いを感じたりします。

私は子どもの寝る時間を決めています。学校がある時でも夏休みでも、ある程度同じ時間に寝る習慣をつけるようにしています。

でも夫は、私がいない時に、子どもたちの寝る時間が遅くなっても気にしません。週末だと、とことん遊びの予定を入れるので、月曜日の朝になって子どもたちがぐったりしていることも。

内心「もうちょっと考えて〜」と思ったりもしますが、任せている以上、口出しはしません（ぐったりしている子どもを学校に連れていくのも大変ですしね）。笑

また、パパ友、ママ友に子どもを預かってもらう時は、「お宅のルールに従わなかったら叱ってくださいね」と伝えています。もちろん、挨拶をするとかお行儀よくするとか、最低限の礼儀は子どもたちに教えていますが、家のルールは家庭によって違うので、細かいことは言いません。

我が家ではOKなことが、別のお宅ではNGかもしれない。でも、お世話になるお宅のルールに従うのは当然のこと。

子どもたちにも、いろんな人がいて、いろんなルールがあることを肌で感じてもらいたい。時と場合によって考え方が変わることに、柔軟性を持ってほしいと思っています。

今住んでいるアメリカでは宗教も人種も多様なので、なおさら「郷に入れば郷に従え」を大事にしてほしいと感じています。

将来、人に頼ったり、助けてもらったり、逆に助けることもあるからこそ、相手の流儀を尊重することを、我が家では大事にしたいと思っています。

自分の強みを生かして
難聴児の未来を華やかに

デフサポでは、聴覚障害児やその親御さんをサポートするとともに、聴覚障害について1人でも多くの方に知ってもらいたいという思いで情報発信をしています。

デフサポのコンセプトは「難聴児の未来を華やかに」。

難聴児たちが自分らしく楽しく生きるためには、聴覚障害について社会の理解が進むことが大切です。

どんなことに困っていて、どんなサポートを必要としているのか。

また、どんなことができるのか。

それをわかってもらうことで、仕事をすることも人間関係を構築することも、楽しく豊かな経験になってくると思うんです。

最近では、SNSなどを通して私を知ってくださっている方も増えてきて、お会いするとマスクを外して話しかけてくれたり、店員さんも「いつも見てます！」と言ってくださったり。とてもうれしく思っています。

私の強みは、自分自身が聴覚障害者であることと難病児の親という、どちらの立場もあること。だから、障害者と、障害児・難病児の親の両方の気持ちがわかります。そして、企業で働いた経験があり、今は経営者です。その強みを生かすべく、デフサポをスタートさせました。

生まれた赤ちゃんが難聴だとわかって、泣きながら「育てる自信がありません……」と言ってデフサポに連絡してきた親御さんが、デフゼミでのサポートを経て何年か経った時に、「この子を産んで、よかったです。毎日こんなにお話しして、楽しい日々が過ごせるなんて、想像もしていませんでした！」と言ってくれた時は、ことばにならないくらいうれしかった。

絶望の中にいた親御さんと、耳が聞こえないお子さんが、楽しく家族でコミュニケーションを取っているのを見ると、ますます頑張ろうという気持ちになります。

デフサポを立ち上げたことで、聞こえないことは、より私の強みになったのです。

epilogue おわりに

この本で伝えたかったのは、〝言い訳を見つけて、あきらめない！〟ということ。

障害があると、どう頑張ってもできないことはもちろんあります。

例えば私は〝耳が聞こえるように〟はなりませんし、〝子どもがどんな声かを聞くこと〟はできません。


でも聞こえなくったって、会社を経営することはできますし、苦手な電話は人にお願いしますが、顔が見えるテレビ電話であれば会話ができます。


やりたいことがあったら、その中でどうしてもできないことを補完する方法を考えて、それをどうやって手に入れるか、誰に頼むかを考えればいい。

「できない理由」はいくつも見つかります。

だからこそ、あえて「できる理由」を探してみませんか？


私は子どものころから「どうやれば、できるのか」を考える癖がありました。

そう言うと、「前向きだね」と言われることがありますが、前向きか後ろ向きかということよりも、大前提として「みんなと同じようにできないこと」が人よりもかなりたくさんあったからだと思います。

昨今では「みんなと同じ」はあまりいい意味で使われませんが、聞こえない私にとって「みんなと同じ」は渇望して、努力して手に入れるものでした。だからこそ、敏感に細かい違いを感じ取るのが得意です。

大人になり、親になった今は、「人と違うこと」は強みにもなりうると知りました。人と違うからこその視点や考えを生かすこともできます。ただそれは「みんなと同じ」がわかっているからこそ。

性別も、国も、障害も越えて、誰もが違いを強みにしつつ、「やりたいことにチャレンジできる社会」になればいいなというのが願いです。どこかでお会いできたら、ぜひ私の肩を「トントン」と叩いて話しかけてください！

2024年7月

牧野友香子

牧野友香子（まきの・ゆかこ）
1988年大阪生まれ。生まれつき重度の聴覚障害があり、読唇術で相手の言うことを理解する。幼稚園から高校まで一般校に通い神戸大学に進学。大学卒業後、一般採用でソニー株式会社に入社。難病を持つ第一子の出産をきっかけに株式会社デフサポを立ち上げ、全国の難聴の未就学児の教育支援や親のカウンセリング事業を行う。現在は、仕事の都合もあって、家族でアメリカに暮らしている。また、YouTube「デフサポちゃんねる」は12万人の登録者数を誇る（2024年6月時点）。

ブックデザイン：菊池祐
DTP：エヴリ・シンク
イラスト：冨田マリー
編集協力：佐藤恵

耳《みみ》が聞《き》こえなくたって
聴力《ちょうりょく》0の世界《せかい》で見《み》つけた私《わたし》らしい生《い》き方《かた》

2024年 7月 2日　初版発行

著者／牧野《まきの》 友香子《ゆかこ》

発行者／山下 直久

発行／株式会社KADOKAWA
〒102-8177　東京都千代田区富士見2-13-3
電話 0570-002-301（ナビダイヤル）

印刷所／ＴＯＰＰＡＮクロレ株式会社
製本所／ＴＯＰＰＡＮクロレ株式会社

本書の無断複製（コピー、スキャン、デジタル化等）並びに
無断複製物の譲渡および配信は、著作権法上での例外を除き禁じられています。
また、本書を代行業者等の第三者に依頼して複製する行為は、
たとえ個人や家庭内での利用であっても一切認められておりません。

●お問い合わせ
https://www.kadokawa.co.jp/（「お問い合わせ」へお進みください）
※内容によっては、お答えできない場合があります。
※サポートは日本国内のみとさせていただきます。
※Japanese text only

定価はカバーに表示してあります。

©Yukako Makino2024　Printed in Japan
ISBN 978-4-04-606281-9　C0095